LES FASTES DE L'EGLISE

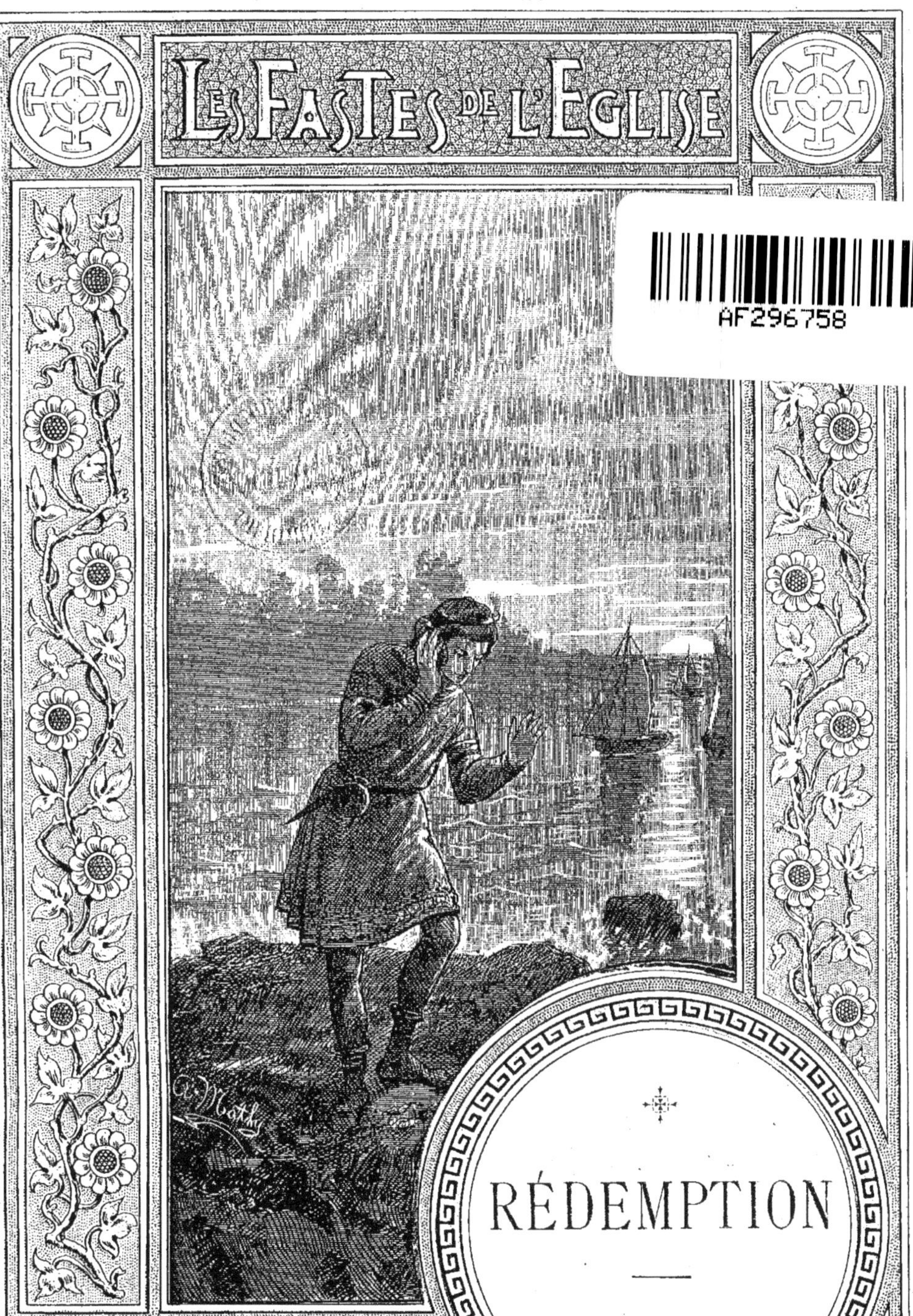

RÉDEMPTION

—

L. Le Leu

H. & L. CASTERMAN, ÉDITEURS

RÉDEMPTION

N° 2 des Fastes de l'Eglise

Sois béni! Louange à toi, Rédemption d'Israël!...(P. 40.)

RÉDEMPTION

PAR

L. Le Leu

H. & L. CASTERMAN

ÉDITEURS PONTIFICAUX

Paris, Rue Bonaparte, 66 — Tournai (Belgique)

SOMMAIRE HISTORIQUE DU VOLUME

Coup d'œil général sur le peuple Juif et la Judée depuis Moïse jusqu'à Caïphe. — L'esprit de Moïse et le temps d'Hérode. — Caractère de la domination romaine en Judée au temps de Ponce-Pilate. — La prédication de saint Jean-Baptiste. — Entrée de Notre-Seigneur Jésus-Christ dans la vie publique à la trentième année de son âge. — Son enseignement et ses œuvres. — Les disciples qu'il suscite. — Les ennemis qu'il se crée. — Conflit entre l'esprit du monde et l'Esprit de Dieu. — Le procès de Notre-Seigneur Jésus-Christ. — Sa passion. — Sa mort. — Sa résurrection. — Etablissement de son Eglise. — Son ascension. — (28 à 31 de notre ère, quinzième année de l'empereur romain, Tibère.)

AVANT-PROPOS

Quantum potes, tantum aude ;
Quia major omni laude,
Nec laudare sufficis.
(S. Thomas d'Aquin. *Prose du S.-Sacrement*).

Pour écrire le nom très Saint et très mystérieux de Jésus-Christ, il faut une foi profonde, car, comme le dit le Docteur angélique, « *on ne peut trop Le louer, Il est au-dessus de toute gloire et rien ne suffit à Le chanter.* »

Faire entrer la grandeur du Christ dans l'étroitesse de notre monde, comme trop d'écrivains profanes l'ont tenté de nos jours, mettre son incomparable pureté en contact avec les lourdes vapeurs de la terre, c'est opérer une œuvre de blasphème contre Celui qui fut et qui demeure la deuxième personne de la Trinité auguste, le Verbe du Père Céleste, et le vivant et Eternel Soleil qui illumine pour les siècles des siècles le ciel désormais ouvert à la glorieuse Communion des Saints dont l'Eglise du Christ est le séminaire, en cette vallée d'ombres et de larmes.

Cependant, si l'Esprit du Très Haut est en Jésus-Christ, Dieu unique et véritable revêtu de la nature humaine par un miracle d'amour, pour le salut du monde, nous ne devons pas oublier que le Sauveur fut homme tout en restant Dieu, et, en cette qualité, partagea pendant son séjour sur la terre, non les péchés et les faiblesses humaines auxquels sa Divinité ne pouvait pas descendre, mais la vie naturelle des hommes qui agissent, qui parlent, marchent et sont visibles aux sens par les opérations ordinaires de l'existence humaine.

L'humanité, en Notre-Seigneur Jésus-Christ, ne fut pas moins réelle que sa divinité, pendant les trente-trois années qu'il passa sur la terre, au milieu des hommes.

Il connaissait le mystère profond de sa haute et divine mission. Il aurait pu descendre sur notre terre, comme la foudre, et la terroriser de prodiges plus éclatants que ceux qui prosternèrent dans la poussière, les juifs, ses ancêtres selon la chair, à la voix tonnante du Dieu de Moïse, au Sinaï.

Mais ce n'est pas ainsi que Dieu répand sa vérité sur ses créatures. La vérité de Dieu est une semence féconde qui doit germer dans les cœurs purs et produire lentement la moisson glorieuse du salut, car la vérité de Dieu est, avant tout, un mystère d'amour qui attire et non un éclat qui force.

Moïse fut un maître et Jésus un ami, voilà la distance qui sépare, immense, le législateur hébreu ministre de Jéhovah, de Jésus-Christ Fils de Dieu et réformateur, dans la réalité, de la religion des figures.

« Toute la Loi et les prophètes, a dit Notre-Seigneur Jésus-Christ, sont contenus dans ce double et fondamental précepte : Aimez Dieu par-dessus toute chose et votre prochain comme vous-mêmes. »

Quel abîme entre cette loi d'amour et celle du talion !

Ce que Jésus-Christ est venu enseigner, c'est l'amour

ardent, sans mesure pour le Père qui est aux cieux, et celui
du prochain parce que tous les hommes sont frères, animés
du même souffle divin et destinés à aller tous à Dieu après
l'épreuve de la vie terrestre.

Pour prêcher efficacement cette loi d'amour, il convenait,
non seulement d'être un Dieu, mais encore de revêtir la nature
humaine dans les vicissitudes communes de la vie terrestre
et montrer l'exemple de toute vertu et de tout amour en
exerçant ces vertus et cet amour dans leur champ le plus
sensible, la vie de tous les jours.

C'est ainsi que le Verbe s'est fait chair et qu'il a habité
parmi nous, naissant d'une mère terrestre, alors qu'il aurait
pu descendre directement du ciel; vivant, lui couronné de la
double royauté céleste et humaine, comme les plus humbles
parmi les hommes, du travail de ses mains, dans la pauvreté
et l'humilité, méditant longtemps sur la mission sublime
qui lui était donnée par Dieu le Père; agissant enfin,
tantôt révélant sa divinité par les plus surprenants prodiges,
tantôt souffrant comme le commun des hommes, l'injustice,
la trahison, l'agonie, la mort, toujours Fils de Dieu mais
Fils de l'Homme aussi, comme il se nommait volontiers.
Sous ce double aspect, nous devons adorer, d'une part, le
mystère du Dieu fait homme en Jésus-Christ; mais nous
devons aussi considérer les événements mémorables qui
ont accompagné son séjour sur la terre et fait du drame
de la Rédemption une page d'histoire ineffaçable que les
passions humaines ont marquée de terreur et de sang et
que la foi des siècles a illustrée de larmes, d'adoration et
d'amour.

Intéresser, instruire et sanctifier sera donc le but de
l'auteur en ces pages indignes d'un aussi noble et divin

sujet; en tout cas, le lecteur n'oubliera jamais que, sous
quelqu'aspect que cette grande Figure pourra apparaître ici,
sur le front de l'ouvrier charpentier, du rabbi errant ou
du supplicié expirant, apparaît l'impénétrable mystère de
l'abaissement d'un Dieu pour le salut des hommes.

RÉDEMPTION

PREMIÈRE PARTIE

LE « MAITRE. »

I

LA VOIX DU DÉSERT.

La gloire d'Israël était éclipsée; les voix des prophètes s'étaient tues; Jérusalem, abaissée sous la domination étrangère, vivait d'une vie factice et resplendissait d'une fausse gloire empruntée à des mœurs qui n'étaient pas les siennes.

Rome, dominatrice du monde, avait enchaîné le Lion de Juda et versé, une fois de plus, dans le cœur fragile de ce peuple agonisant, tous les poisons d'une civilisatiom corrompue et corruptrice qui achevait de pourrir l'arbre mosaïque auquel Jésus-Christ allait donner le dernier coup de cognée pour permettre à la tige nouvelle de Jessé de s'épanouir au resplendissant soleil de la « Promesse accomplie. »

Au seuil de ce livre qui rend gloire, après tant d'autres, à l'événement le plus auguste que jamais aient enregistré les annales de l'univers, il sied de connaître par de brèves lignes quel était au juste, à tous les points de vue, l'état de la Judée à cette mémorable époque.

Au sortir de la terre d'Egypte, le plus grand homme que la terre ait porté, le plus merveilleux thaumaturge que l'humanité ait jamais eu pour prophète, un des plus grands inspirés du Très Haut, avait, sous le souffle divin et dans la tradition sacrée des Patriarches, choisi un peuple destiné à de grandes choses et, pour asseoir sur des bases inébranlables et pures, la vraie religion du monde, avait, avec la foudre même du ciel, gravé au fer rouge dans la chair vive de son cœur, le dogme de l'Unité Divine : « JÉHOVAH ADONAÏ EST UN DIEU UNIQUE ! «

Et, comprenant combien il était indispensable d'empêcher l'égarement de ce peuple fragile, habitué aux pompes trompeuses des divinités étrangères et des idoles mensorgères, le Législateur immortel avait scellé de fer sa révélation, il l'avait entourée du prestige du feu et de la terreur du sang.

Pour ne pas la compliquer dans l'esprit peu avancé de son peuple qui eut pu en tirer des motifs d'erreur et d'idôlatrie, il avait réservé au sacerdoce choisi et destiné à garder intacte la sainteté de l'Arche redoutable, les traditions théologiques du dogme fulgurant et enseigné seulement aux purs d'Israël la foi au mystère auguste de l'éternelle Trinité.

Prévoyant les luttes gigantesques que ce peuple allait avoir à soutenir dans l'ordre matériel pour conquérir Chanaan, s'en faire une patrie, la garder dans la prospérité, s'en souvenir dans l'épreuve et la retrouver à l'heure des miséricordes du Ciel, il avait jugé bon de n'embarrasser son esprit que de quelques détails et d'éclairer seulement son avenir et sa destinée par ces deux phares inextinguibles : JÉHOVAH ! le seul Dieu, l'Unique, le Pur, le Jaloux, et LA LOI rigide, mathématique, implacable, avec une double sanction, la Crainte et le Châtiment, laissant au ciel lui-même le soin de répandre la rosée future de l'Amour, par l'avènement du Messie promis.

Loin de marcher vers la barbarie, Israël vivifié par Moïse et dominé par sa Loi, avait réalisé, au contraire, une civilisation unique au monde de laquelle l'art lui-même n'avait jamais été exclu.

Moïse qui avait défendu toute représentation de la nature animée, par ces paroles comminatoires de l'Exode[1] : « Tu ne construiras pas d'images sculptées; aucune figure de ce qui est en haut, au ciel, ni de ce qui est en bas, sur la terre, ni de ce qui est dans les eaux sous la terre, » n'avait voulu que porter à toute idolâtrie le coup le plus droit, le plus implacable et le plus sûr, en interdisant à son peuple d'abaisser dans des représentations grossières l'inaccessible splendeur de Jéhovah.

Plus loin, en effet, il donnait des instructions artistiques, précises et savantes, pour l'ornementation du temple, le vêtement sacerdotal et la splendeur du culte. « Tu feras pour le Tabernacle dix tapis de fin lin tordu en fil blanc, rouge et jaune; tu les feras pleins de variété en travail d'artiste.[2] »

Et il lui était inutile d'en dire plus, quant à la technique de la réalisation du travail d'art, car Israël avait emporté avec lui le génie même de l'Egypte et tous les secrets de ses splendeurs.

Les lapidaires, les joailliers, les graveurs, les travailleurs de métaux précieux, les brodeurs, les tisseurs d'étoffes, les teinturiers de peaux de béliers, les sculpteurs sur bois, les sertisseurs de pierreries, les architectes pullulaient dans ses rangs et se présentèrent en foule, lorsqu'on les appela à l'honneur de construire et de décorer le tabernacle du Sei-

(1) Exode, ch. xx, ẏ. 4.
(2) Exode, xxvi, ẏ. 1.

gneur, et ce furent eux qui confectionnèrent l'arche en bois de Sittim, sculptèrent en repoussé les kéroubim qui l'ombrageaient de leurs ailes, ciselèrent le chandelier aux sept branches symboliques et exécutèrent l'autel des parfums, puis tissèrent les vêtements compliqués d'Aaron et des prêtres, l'*éphod* d'or, de pourpre et d'écarlate, sertirent les gemmes du pectoral et y gravèrent les noms des douze tribus dans la topaze, la sardoine, l'émeraude, ainsi que sur les onyx qui brillaient aux épaules du grand-prêtre, agrafant les bretelles de l'éphod. Et le temple lambrissé de cèdre travaillé, ruisselant d'or, cuirassé de marbre, illuminé de merveilles, montra bien qu'Israël avait du génie, mais que Mosché l'avait consacré tout entier à Jhoah, irrévocablement, dans la crainte trop justifiée du veau d'or.

Les peuples, livrés au polythéisme, avaient regardé d'un œil méprisant ce contraste à leurs splendeurs dissolues, que dénonçaient toutes les idolâtries de la statuaire la plus variée et la plus fantaisiste, concluant à l'ignorance et à la barbarie, opinion dont notre époque elle-même s'est bercée à l'égard du peuple juif.

Mais ce qui est surtout à considérer, c'est que, à partir de son exode et à travers ses vicissitudes aussi variées que séculaires, une idée immense a dominé sans cesse l'esprit du peuple juif, et cette idée était la foi inébranlable à sa mission divine de peuple choisi de Dieu, que lui avait si magistralement révélée Moïse.

Idée sublime livrée à l'espérance d'un peuple, cette grande promesse, ce solennel et divin serment de la future rédemption avait pris dans son cerveau et dans son cœur, des proportions colossales qu'il avait facilement adaptées à sa prospérité temporelle et future. Pour les saints et les prophètes, le Messie annoncé devait être le Fils unique de Dieu incarné pour la rédemption des hommes au sein même du peuple de Dieu.

Le commun des juifs cependant, avait une tendance à espérer dans le Christ futur et prédit par tant d'oracles divins, un grand roi, un monarque puissant, qui donnerait à la Judée l'empire du monde et rendrait à Jérusalem la gloire opulente des grands jours de Salomon.

Or les siècles avaient coulé, lents et agités de tumultueux événements, dont les flots avaient ballotté à travers tous les dangers et toutes les vicissitudes, l'impérissable peuple, tantôt le livrant aux fléaux vengeurs et implacables qui décimaient ses rangs en y fauchant des hécatombes expiatrices, tantôt le jetant sur des rives étrangères, en proie aux douleurs de la captivité et aux cuisants regrets des splendeurs consolatrices de Sion, dévastée par la colère du vainqueur; d'autres fois, créant dans son sein des luttes intestines terribles, armant les tribus les unes contre les autres, divisant par le schisme et l'hérésie l'intégrité de la Loi, pivot essentiel de la prospérité dans l'unité de l'obéissance; toujours, jusqu'au sein même de la paix et de la fortune; l'entraînant à des péchés publics qui provoquaient la colère divine et coloraient de sang et de feu le verbe tonnant de ses prophètes, qui gémissaient en vain sur les malheurs de Sion, prédisaient de nouvelles catastrophes et soupiraient sans cesse après la réparation de Dieu, promise au monde et à Abraham dans la personne du Messie.

La domination romaine était enfin arrivée, prédite par les prophètes, dernière étape, suprême épreuve qui allait accumuler les ruines irréparables sous les pieds vaincus d'un peuple expirant et voir planer sur ces ruines même, illuminant ce naufrage national, la splendeur triomphante du Christ rédempteur, et roi du vrai royaume universel, celui de Dieu, patrie de l'humanité sauvée de la réprobation éternelle encourue par le péché d'Adam.

Lamentable était l'état politique, social et religieux de la

Judée à l'époque où allait commencer la vie apostolique du Seigneur.

Il est nécessaire de s'en faire une idée succincte.

Dominateurs habiles, les Romains avaient compris qu'on ne métamorphose pas du jour au lendemain le génie d'une race et que la pierre angulaire de toute vraie colonisation, c'est le respect des mœurs et coutumes du pays que l'on veut coloniser, tout en ne permettant pas que ces mœurs et coutumes fassent échec à la paix entre la colonie et la mère-patrie.

Aussi, nulle part, en Judée, les Romains n'avaient imposé les mœurs latines aux juifs en contradiction avec leurs principes.

C'est ainsi que nous voyons Hérode le Grand, rêvant de la gloire de Salomon, reconstruire à grands frais sur la sainte montagne le temple de Jéhovah, où jamais nul païen ne pût s'autoriser de Rome pour y entrer, en violation de la loi mosaïque, arrêté au seuil des portiques interdits par des inscriptions grecques et latines, qui faisaient de cette interdiction violée une faute justiciable non seulement des tribunaux juifs, mais de la justice même de César.

Ce qui n'empêchait pas la loi romaine d'avoir l'œil sur la politique sacerdotale en surveillant, jour et nuit, du haut des tours du palais Hérodien, tout ce qui se passait dans l'intérieur du temple.

Car, ce serait une erreur de croire que Rome avait, par le fait de sa domination, terrassé l'esprit judaïque, sans cesse en révolte contre tout ce qui attentait, de près ou de loin, à l'intégrité des traditions mosaïques en regard de la religion ou de la politique.

Alors même que Jérusalem, par la déposition de son ethnarque Archélaüs par Auguste, avait vu s'évanouir sa dernière espérance d'autonomie ; quoique la Judée fut réunie à l'Idumée et à la Samarie, annexée à la Syrie commandée par le légat impérial Publius Sulpicius Quirinus, ayant sous ses ordres les autres procurateurs qui se succédèrent en quelques années, depuis Coponius jusqu'à Pontius Pilatus, Jérusalem fut sans cesse agitée par des séditions, au nom de la loi mosaïque contre le sceptre usurpateur de Rome.

La certitude même du châtiment inévitable entraîné par tout acte de révolte contre César, n'arrêtait pas les séditieux qui bravaient la mort avec joie pour la Loi et la liberté.

Le tribut levé par César sous le nom de « Cens » n'était pas la mesure la moins haïe des Juifs qui n'en comprenaient pas le fonctionnement administratif, la dîme sacrée étant, pour eux, la seule forme légitime de l'impôt, accepté par son saint caractère de dette au Seigneur.

Cependant, Rome enrichissait la Judée de monuments et de villes bâties dans l'esprit grec et latin, sous les yeux des Juifs, qui voyaient encore dans le caractère de leur architecture, une perpétuelle insulte à la Loi et ne se faisaient pas faute de les mutiler, au besoin, en représailles séditieuses contre leurs maîtres.

Jérusalem dépouillée des richesses de David et des merveilles de Salomon, devait à Hérode son temple nouveau, des palais magnifiques, des fontaines jaillissantes, un vaste amphithéâtre et de nouvelles fortifications.

La Galilée elle-même, si éloignée de la cité sainte par l'esprit de ses mœurs, la simplicité de ses habitudes, avait vu Antipas bâtir Tibériade dans le style romain, en l'honneur de l'empereur Tibère, mais elle avait été relativement respectée et était restée champêtre dans ses luxuriants paysages dépourvus de grandes villes et seulement émaillés de bourgs et de villages.

Moins heureuses, d'autres provinces avaient vu s'élever des cités toutes païennes où les idoles du vieux monde avaient des temples, des statues et des bosquets ; telles étaient Juliade, Diocésarée, Césarée, Sébaste, œuvres somptueuses des Hérodes, aujourd'hui poussière.

Enfin, un véritable mélange de nations diverses occupaient, à cette époque, la terre sainte, variant de langage et de mœurs ; les Iduméens, les Arabes, les Egyptiens, les Phéniciens, les Syriens et les Grecs se partageaient tout le pays.

Les juifs étaient cultivateurs et commerçants, banquiers et financiers, marchands en gros et en détail ; parmi eux les rabbins et les savants eux-mêmes, obéissant à la Loi, avaient, pour la plupart, un métier.

Diverses sectes religieuses se partageaient le pays. Sous Jonathas, fils de Mathatias, il y avait déjà des Pharisiens, des Sadducéens et des Esséniens.

Les Pharisiens se prétendaient dépositaires de la vraie doctrine et gardiens de la Loi qu'ils affectaient de pratiquer avec scrupule, en réalité avec une hypocrisie sans égale. Ambitieux et avares, ils mettaient leur orgueil à donner la dîme du plus futile de leurs biens, par exemple, de la récolte du cumin, de la menthe et du millet. Ils purifiaient avec exactitude tous les objets d'usage selon la Loi et observaient le sabbat avec un tel scrupule qu'ils reprochèrent plus tard à Notre-Seigneur d'avoir guéri un malade le jour de Jéhovah. Ils affectaient de jeûner plus que quiconque, se couvraient de *totaphot* et de *tephilim*, [1] se jaunissaient le visage pour avoir l'air ascétique, se tenaient soigneusement à distance des gens impurs selon la Loi, séduisant par des discours hypocrites les âmes simples qui les croyaient vertueux ; dévots uniquement par intérêt et pleins de mépris pour tout ce qui n'était pas eux-mêmes. Ils passaient leur temps dans des disputes ridicules sur des points de doctrine très simples, les embrouillant par leurs arguties, comme de savoir si on peut

---

(1) Ecriteaux contenant des maximes de la Loi, qu'ils s'attachaient au front et au bras gauche en exécution du précepte d'avoir sans cesse la Loi de Dieu sous les yeux.

Voici l'Agneau de Dieu! voici celui qui efface les péchés du monde!
(P. 48.)

sans péché, le jour du sabbat, monter sur un âne pour le mener boire, ou si l'on peut, ce jour-là, écrire assez de lettres pour former un sens, sans pécher contre la loi du repos du septième jour. Enfin, ils ajoutaient à tous ces vices, un esprit permanent de sédition, la violence et la cruauté.

C'était eux qui, par leur richesse, leurs positions élevées, leur hypocrite adresse, l'avidité de leur orgueil, constituaient en Judée et particulièrement à Jérusalem, la classe aristocratique tenant entre ses mains la clef de tous les mouvements politiques et populaires, et l'influence prépondérante sur l'esprit des représentants de César.

Les Sadducéens étaient les matérialistes avoués de l'époque. Se refusant à voir, dans la Loi, autre chose qu'un sens grossier et matériel, ils en faisaient tourner les textes à la satisfaction des intérêts et des plaisirs temporels, niant la résurrection, l'immortalité de l'âme et tout spiritualisme; parmi eux, cependant, se recrutait une grande partie de l'aristocratie juive et même des sacrificateurs, mais leur influence sur le peuple était nulle et leur nombre restreint. Il n'y avait, du reste, entre eux aucune union ni cohésion.

Enfin, la secte ascétique et vertueuse par excellence était celle des Esséniens.

Ils vivaient en cénobites, loin des cités, dans la frugalité de la nourriture et la communauté des biens. Ils méditaient constamment la Loi, priaient sans interruption, imitaient l'austérité sévère des prophètes, étaient, pour la plupart, célibataires et menaient une vie contemplative si parfaite que l'opinion de plusieurs Pères de l'Eglise a vu en eux de véritables chrétiens.[1]

Ils vivaient loin de toutes les disputes, et croyaient posséder la véritable tradition et l'intelligence des livres sacrés dans toute leur intégrité. Ils jouissaient, d'ailleurs, de

____

(1) L'abbé Fleury, *Mœurs des Israélites et des chrétiens.*

cette réputation qui, naturellement, leur était contestée par les Pharisiens qui se prétendaient les seuls interprètes orthodoxes de la Loi, et par les Sadducéens dont l'esprit matérialiste et grossier les tournait en dérision, eux et leurs pratiques de sainteté. Mais tous les hommes éclairés de cette époque n'étaient pas de cet avis.

Loin de Moïse par les siècles et par l'esprit, près de Jésus par l'accomplissement des temps prophétiques, troublée par les schismes, travaillée par les séditions, écrasée par le pied du vainqueur, égarée par l'erreur, menacée par l'idolâtrie du vieux monde, agonisante dans sa foi altérée et obscurcie devant Dieu auquel ne plaisaient plus les victimes, l'encens et l'holocauste, telle était la Judée avec ses partisans qui rêvaient d'un conquérant extraordinaire qui leur donnerait l'empire universel de la terre contre toute vraisemblance, avec ses vrais croyants éclairés qui, sur la foi des prophètes, espéraient un Messie régénérateur et sauveur, et ses saints comme Marie, Zacharie, Elisabeth, Anne, Siméon, Joseph et tant d'autres qui, eux, éclairés de la vraie lumière d'en haut, attendaient le véritable Rédempteur promis à la postérité d'Adam et qui devait s'appeler au ciel et sur la terre et dans les siècles des siècles, le Fils unique du Très-Haut Inaccessible, être le Réparateur volontaire de la faute d'Adam et la mystérieuse Hostie, gage de l'éternel Salut.

Mais, déjà, un rayon perce l'ombre, une voix a crié dans le silence, et les clameurs inspirées d'un prophète nouveau ont ébranlé les échos du désert, disant à tous les vents : « Préparez les voies du Seigneur et rendez droits ses sentiers, voici l'Agneau de Dieu! Celui qui efface les péchés du monde! Ecoutez!... »

II

SUR LA ROUTE.

Les temps étaient solennels et graves. Le peuple juif tressaillait sous un souffle inconnu venu des quatre vents du ciel.

Quelque chose de grand allait se révéler au monde, quelque chose d'annoncé, de prévu, de certain, mais quelque chose de caché, encore, sous les ailes divines du mystère.

Dans les vieux temples même de l'Egypte, des devins avaient annoncé que le Phénix allait renaître de ses cendres.[1]

Hérode Antipas et les prêtres de Jérusalem étaient pleins d'inquiétude ; l'empereur romain Tibérius, âgé de soixante-quatorze ans, achevait sa vieillesse dans les infamies de Caprée, et Pontius Pilatus opprimait la Judée, sous les violences de son zèle de procurateur, trop esclave de César.

Le dixième jour de Tisri venait de se lever sur Jérusalem, amenant la fête des Expiations, à la célébration de laquelle les juifs consacraient la journée entière du Sabbat.

Parmi les étrangers à la ville sainte, qui se dirigeaient

(1) *Tacite, Annales*, vi, 28, 31.

vers ses murs, au matin de ce jour, deux hommes allaient, tous pensifs, mais bien différents d'aspect.

L'un s'avançait, l'air farouche, avec sa tête énorme encadrée d'une barbe épaisse taillée en double pointe, ses yeux où brillait le fauve éclat de l'avarice et de l'envie, son corps puissant et athlétique fait pour l'orgueil des vaines parades qui glorifient, aux yeux du vulgaire, les hommes revêtus de charges importantes.

Une vaste bourse de cuir pendait à sa ceinture non loin du nécessaire à écrire; tel un agent d'affaires sans cesse occupé à rédiger des contrats et des billets.

Ses yeux se portaient, tour à tour, avec la même expression d'envie, sur le paysage, sur les passants et sur la masse imposante de la ville sainte, assise sur la montagne comme une sombre forteresse, avec ses murs formidables peuplés de sentinelles romaines.

Quand il fut arrivé près de l'amphithéâtre d'Hérode qui s'étalait aux portes de la cité, il s'arrêta, un instant, devant ses vastes proportions, comme s'il en eut admiré l'agencement.

Derrière lui, un autre personnage suivait qui s'arrêta aussi et parla en regardant la ville.

— Fiancée, dit-il, devant laquelle se prosterneront les peuples, voici venir le temps où l'on appellera tes murailles : Salut! et tes portes : Louange! et les nations marcheront à la splendeur qui se lèvera sur toi![1]

Le premier voyageur se retourna, en entendant ces paroles du grand prophète, et regarda celui qui les avait prononcées.

C'était un homme plein d'une majestueuse jeunesse et d'une sympathique beauté. Ses pieds, nus, n'étaient garantis des aspérités du chemin que par de légères sandales formées d'une semelle de cuir, d'où partaient des courroies qui entouraient seulement le dessus du pied, entre le cou de pied et les

---

(1) Isaïe, ch. LX, v. 3 et 18.

orteils et, par derrière, fixaient le talon à la façon de la *crépida* romaine; une robe de lin serrée à la taille et un manteau de laine, complétaient son habillement; sa tête superbe, ornée d'une barbe dorée et soyeuse, éclairée par des yeux merveilleusement doux et expressifs, n'avait d'autre couronnement que de longs cheveux qui répandaient sur ses épaules, partagés par le milieu, leurs boucles en flave cascade.

— Nazaréen, dit l'homme à la bourse, si j'en juge par ton aspect, est-ce à toi de commenter les prophètes? Tu n'as rien à voir dans la gloire future de Tsione; qui es-tu pour en appeler à Isaïe devant ces murs, bâtis de sacrilèges, et qui n'ont, pour espoir, que la cendre de leurs tombeaux! Es-tu donc si étranger en Jérusalem, que tu ignores quels torrents de sang les crucifixions, ordonnées par l'oppresseur à chaque velléité de révolte, ont fait couler sur ces collines; que tu ne connaisses pas l'abîme d'humiliation dans lequel gémit le grand Prêtre, devenu un esclave et une créature éphémère et dégradée du procurateur de César, et quelles chaînes pesantes déshonorent la majesté du Sanhédrin décimé par Hérode? Et tu vois encore un rayon, sur la foi des prophètes, étoiler le front obscurci de la Ville sainte? Qui donc es-tu?

— Il t'importe peu de savoir qui je suis, répondit le Nazaréen avec calme, mais bien quel sera celui qui va venir, car l'Epoux est proche, selon la parole du Cantique, et il importe de veiller pour qu'à son arrivée il trouve les portes ouvertes et la maison prête, comme il sied de le faire pour un roi qui va prendre possession de son empire. Voici, en effet, que, selon la parole des prophètes, le règne de Satan est venu par les œuvres de la bête qui chantent, sous le soleil, l'apothéose du mal; les ténèbres envahissent jusqu'aux tabernacles même de la lumière; Israël agonise sous le pied du vainqueur féroce et sanguinaire, et tu demandes à celui qui te parle, de quel droit il soupire après la réalisation de l'attente universelle?

Et, se tournant vers l'occident du soleil :

— Soyez dans l'espérance, ô nations, dit-il, car les temps sont prochains où va paraître Celui à qui l'Eternel n'aura pas dit, comme à Isaïa : « Prends un grand volume et écris dessus avec une plume d'homme ! » mais : « Lève-toi, et répands pour le salut, le Verbe même d'Adonaï ! » car il est dit dans la prière quotidienne : « Rappelle-toi, Seigneur, les grâces accordées au père, et amène aux enfants de tes enfants, un Sauveur qui glorifiera l'amour de ton nom ! »

— Et tu crois fermement, Nazaréen, que le temps de la réalisation de cette espérance est proche ? Est-il donc né celui dont le même prophète dont tu parles, a dit que : « Par la force de son bras, Jéhovah foulera les peuples dans sa colère et, les énivrant de son indignation, jettera par terre leur puissance ? » La race de David est éteinte et la terre de Juda ne donnera plus de rois !

— Homme de peu de foi, dit alors le Nazaréen, de quoi préoccupes-tu ton cerveau impuissant à pénétrer le secret du Seigneur, annoncé par les prophètes, sous le voile des figures ? Jérémie n'a-t-il point dit : « Avant que je te formasse, je t'ai connu ; avant que tu naquisses, je t'ai sanctifié et établi sur les nations.[1] » Le Père connaît le Fils et, plaise à Dieu que Jérusalem ne méprise pas son Sauveur, quand le temps de la promesse sera accompli pour elle !

— *Marana*,[2] dit alors l'homme à la bourse de cuir, tu es un rabbi[3], et le miel de la sagesse a humecté tes lèvres.

---

(1) Jérémie, ch. 1, ɣ. 4.

(2) En hébreu : Seigneur. Titre de déférence à quelqu'un que l'on voulait honorer.

(3) Un rabbi était un docteur de la Loi. Chez les juifs nul ne pouvait prendre ce titre avant trente ans accomplis. Pour l'obtenir il fallait faire preuve d'une certaine connaissance dans les sciences de l'époque mais surtout de l'Ecriture. Il semble que ce titre était dû surtout au suffrage populaire. En effet, la chaire des Synagogues était accessible à quiconque dans l'assemblée, après la prière commune, se

Comment te retrouverai-je quand tu m'auras quitté, après cette rencontre fortuite, car je ne suis pas fixé en ce lieu; je me nomme Judas Ben-Samael, originaire de Kerioth, près de Meroz, [1] mais, souvent appelé par mes affaires dans diverses provinces et surtout à Jérusalem, je suis rarement pour long-temps dans le même lieu, comment ferai-je pour te chercher?

— Pour celui qui cherche, répondit le Nazaréen, non seulement il ne trouve pas, mais, souvent, il perd ce qu'il possédait déjà et celui qui ne cherchait pas trouve, à sa place, et profite de sa trouvaille. Pour ce qui est de me revoir, tu me reverras, car le jour de ta naissance est un fait accompli et toi-même ne le changerais pas, si le loisir t'en était accordé. Pour ce qui est de moi, je suis tantôt ici et tantôt là, mais, pour ce qui est de toi, tu me reverras dans les champs de la Galilée.

— Un dernier mot, connais-tu le Baptiste? on en fait grand bruit, il passe pour un prophète et d'aucuns disent même que c'est Elie ressuscité et revenu parmi nous, pour le salut d'Israël. Quelle foi faut-il accorder à cet homme, car le désert est plein de fous qui se croient des prophètes, recrutent des partisans, soulèvent des rébellions et finissent misérablement? Qui sait si celui-là aussi n'est pas du même nombre?

croyait inspiré de Dieu et en état de commenter les Ecritures d'une manière édifiante. Ceci nous explique pourquoi Notre-Seigneur Jésus-Christ prêchait sur son passage librement et partout dans toutes les assemblées et les Synagogues de la Judée et même dans le temple de Jérusalem.

(1) Juda Iscariote qui devait plus tard trahir Jésus par un baiser, fut ainsi nommé parce qu'il était originaire de Kerioth, petit village qui existait alors à l'est de Sichem (Samarie). Il pouvait avoir trente ans. C'était, d'après saint Jean et les visions de Catherine Emmerich un homme d'affaires, uniquement préoccupé de faire fortune et d'assouvir son ambition. Comme beaucoup, il crût jusqu'au dernier moment que Notre-Seigneur Jésus-Christ allait régner temporellement, restaurer un empire dans l'opulence et distribuer à tous ses disciples les charges les plus honorifiques et les plus fructueuses du nouveau royaume qu'il allait constituer en Judée au moyen d'habiles révolutions politiques.

— On connaît l'arbre par ses fruits. Que dit-il de lui-même et quelle est sa doctrine?

— Il se prétend la « Voix du désert » qui ordonne de préparer les chemins du Messie; il baptise, en plongeant dans l'eau ceux qui croient en lui, et il ordonne à tous de faire pénitence, en montrant, d'ailleurs, l'exemple, car, dit-on, il est à peine vêtu d'une peau de chèvre, ne boit que de l'eau et ne mange que du miel des rochers et des sauterelles sauvages.

— C'est donc un bon arbre, puisqu'il produit de bons fruits. La pénitence qu'il prêche, tous les prophètes l'ont prêchée avant lui et comme lui. « Sanctifiez-vous, a dit Josué avant le passage du Jourdain par nos pères, car demain, le Seigneur fera parmi vous des merveilles. »

— Faut-il donc se faire baptiser, maître? Eclaire-moi, je te prie, sur ce point très obscur, à mon avis.

— Il faut naître à nouveau de l'Eau et spirituellement répondit le Nazaréen; adieu.

Et, comme Judas Ben Samael passait la porte de la ville, lui, se mit à errer aux alentours de la cité, parmi les ravins et les pierrières, les piscines et les tombeaux, écoutant les hurlements des misérables affamés et des infortunés lépreux qui y cachaient leur désespoir et leurs plaies, rejetés, avec dégoût, du sein d'un monde féroce, qui n'avait pour eux aucune sorte de pitié.

Devant ses yeux, la piscine de Siloé étalait son eau jaunâtre et sale où se baignaient en vain les ulcères, d'où le paralytique était remporté dans le même état qu'on l'avait amené, sur les degrés de laquelle expiraient des êtres qui hurlaient dans le désir d'être soulagés. Vain désir auquel nul miracle ne donnait de sanction! Il devait être comblé par la venue du Messie.

Et des larmes roulèrent dans ses yeux, tandis que ses lèvres murmuraient :

— O Père! Père! Vous dont la puissance s'est retirée d'Israël, et qui Vous détournez maintenant, avec horreur, de l'ignominie des sacrifices et de la puanteur des holocaustes,[1] quand donc permettrez-vous à Votre Fils de tarir en Votre Nom la source de ces douleurs?

— Quand l'heure aura sonné, lui répondit une voix secrète au fond de son cœur, l'heure qui va venir et qui sera l'heure de l'Epoux et celle du Fils de l'Homme. L'heure qui, jusqu'à ce jour, n'est pas encore venue!

Et, gravissant les escaliers de la fontaine de Siloé, il monta vers le temple, pour prier le Seigneur, en soumission à la Loi, prêchant d'exemple, par l'observation d'un culte défaillant et qui, demain, serait entièrement abrogé.

Arrivé là, il traversa la cour des gentils, où des inscriptions grecques et latines gravées dans le marbre, interdisaient aux païens de pénétrer plus avant, il franchit l'emplacement en amphithéâtre réservé aux femmes, puis, se mêlant à la foule des Israélites, il atteignit la porte Nicanor et la balustrade haute de trois coudées, derrière laquelle on voyait se dérouler les cérémonies du culte.

Les prêtres sacrificateurs, pieds nus sur les dalles, vêtus du « *michnassaïm*,[2] » de la « *koutonet*[3] » étroite descendant jusqu'aux genoux, serrée à la taille par « *l'abnet*[4] » gracieuse

---

(1) Le prophète Isaïe avait déjà dit : « Que m'importe la multitude de vos victimes, j'en suis rassasié ; la graisse de vos béliers me soulève le cœur ; votre encens m'importune, car vos mains sont sanglantes. Purifiez vos pensées ; cessez de mal faire, apprenez le bien, cherchez la justice et vous viendrez alors vers moi. » Il prédisait par ces paroles l'abolition future des sacrifices et l'avènement du culte pur du Fils de Dieu.

(2) Caleçon de lin très étroit et court qui était le premier des vêtements sacerdotaux commun à tous les Lévites.

(3) Tunique très étroite de lin transparent qui venait aux genoux et était lo second vêtement sacerdotal, tissé en petits carreaux.

(4) Ceinture en principe blanche et unie mais généralement (d'après saint Jérôme, l'historien Josephe et les rabbins) tissée des quatre couleurs de l'Ephod du

aux tours innombrables et dont les longs pendants se rejettent sur les épaules pour éviter de la souiller avec le sang du sacrifice, coiffés du « *migbaah* [1] » pointu, immolaient les victimes, au milieu des prières, et aspergeaient le peuple, de leur sang.

Il vit le grand prêtre, dans les pompeux vêtements qu'il ajoutait à ceux des lévites, avec sa tunique supérieure ample et sans manches, ouverte seulement à la tête et aux bras, d'un violet éclatant, bordée, en bas, de grenades de diverses couleurs et de clochettes d'or, destinées à annoncer son entrée et sa sortie dans le sanctuaire ; il le vit, couvert de l'*éphod* en tissu de lin retors mêlé de fils d'or et de pourpre, de violet et de cramoisi fait en forme de scapulaire, attaché sur chaque épaule par une agrafe d'agathe, portant, gravés par ordre de préséance, les noms des douze tribus d'Israël, six à droite et six à gauche.

Sur sa poitrine, il vit flamboyer le rational orné des douze gemmes mystérieuses enchassées dans l'or, rangées trois par trois, et le nom des douze tribus gravé sur elles, ornement de la justice *(hoschen hammischpat)*, comme l'appelle Moïse, et à l'aide duquel le pontife suprême interrogeait, dans le mystère du sanctuaire, les oracles du Seigneur. Sur sa tête couverte de la tiare de lin, (le « *misnephet* » en forme de turban), la plaque d'or rappelant à tous par son inscription, la sainteté de Jéhovah, étincelait au

grand prêtre. Elle était large de quatre doigts faite, dit l'historien Josephe, en tissu de boyau et très longue : après avoir serré les reins par plusieurs tours, ses bouts retombaient encore sur les jambes, elle était un des plus gracieux ornements des Lévites.

(1) Le migbaah était une tiare de lin, sorte de turban pointu commun à tous les prêtres. Le turban du grand prêtre avait une forme plus élevée rappelant sans doute les tiares égyptiennes et assyriennes. Il se distinguait surtout par une lame d'or en forme de bandeau frontal portant l'inscription « Quodes l'Ihoah » *sainteté de Jéhovah*. Moïse l'avait donné au grand prêtre comme signe du suprême sacerdoce en souvenir de l'*ureus* égyptien qui était sur le front des dieux et des rois le signe de la toute puissance souveraine.

soleil, tandis que ses longs cheveux blancs s'en échappaient en boucles et tombaient sur ses épaules.

Et, pendant que se déroulaient les cérémonies du culte, prosterné comme les autres et le visage couvert de son bras gauche à l'exemple de l'assemblée, il priait, dans son cœur, le Père qui est aux cieux et dont le Fils, en descendant sur la terre pour le salut des hommes, allait bientôt se manifester au monde dans un feu roulant de prodiges.

Non loin de lui, Judas Ben Samael de Kériot, faisait ses dévotions de l'air préoccupé d'un homme qui cherche à négocier des affaires commerciales jusque dans le lieu saint.

En effet, en sortant du temple, il vit l'homme avec lequel il avait parlé près du cirque d'Hérode, s'approcher des innombrables marchands qui encombraient de leurs étalages les premiers parvis et entrer avec eux en conversations, offrant à l'un de l'argent sur les caisses d'un banquier prêteur, à l'autre des animaux ou des fruits à des prix avantageux, en faisant ressortir sa compétence dans les affaires et ses grandes relations commerciales dans toute la Judée.

— Le temps n'est pas venu, murmura le Nazaréen avec tristesse, mais les voleurs ne profaneront pas toujours la maison de mon Père !

Et il sortit du temple et descendit dans la ville.

III

LE CALICE DE MELCHISÉDECH.

L'heure, si longtemps attendue, avait enfin sonné. Jésus venait d'entrer dans la trentième année de son âge et la gloire éternelle du Père allait se révéler au monde par le Verbe.

La mémoire des hommes de cette génération, avait perdu le souvenir des prodiges qui avaient salué, dans le ciel, la naissance de l'Enfant du Mystère, des gloires terrestres qui s'étaient agenouillées devant sa pauvre crèche et des massacres dont le sang innocent avait failli submerger son berceau.

Presque personne n'avait jamais considéré Jésus, à Nazareth, [1] autrement que comme un simple ouvrier, qui prétendait s'élever au-dessus de sa caste, en se faisant connaître dans les synagogues.

De la famille de Jésus, Marie seule restait qui eut le

____

(1) Notre-Seigneur était même méprisé dans sa patrie où l'on ne crut jamais en lui et où, d'ailleurs, il fit peu de miracles comme le constatent les évangiles. Jésus lui-même ne s'en étonna pas et quand les habitants de Nazareth voulurent le précipiter du haut de leurs rochers il se borna à s'échapper de leurs mains en constatant que « nul n'est prophète dans son pays » parole qui est passée en proverbe et se vérifie tous les jours. (Ev. selon saint Luc, chap. IV, ỳ. 24.)

sentiment des merveilles éternelles dont il était le vivant tabernacle, ainsi que Joseph qui avait expiré dans ses bras, plein d'un saint espoir dont il ne devait pas voir la réalisation. Les autres parents de Jésus, que l'évangile nomme ses frères,[1] ne l'aimaient pas et ne perdaient pas une occasion de le mépriser, et beaucoup de personnes l'incriminaient souvent, devant Marie, au sujet de son premier et silencieux apostolat, qu'elles attribuaient envieusement, n'en comprenant pas la grandeur cachée, à un goût d'oisiveté et de voyages inutiles.

Mais la face des choses allait changer complètement, car le premier pas du divin Maître était fait dans la voie éclatante de sa mission.

. . . .

Jésus revêtit son manteau, chaussa ses sandales et, sur le seuil de la maison, serra tendrement Marie dans ses bras.

— O ma Mère, dit-il, l'heure est venue, cette fois, et, quoique nous soyons destinés à nous voir encore souvent, désormais mon Père me réclame et je dois travailler à ses œuvres ; que rien ne t'inquiète pendant mon absence, je vais où je dois aller pour la gloire de mon Père. Au revoir, ma Mère !

Et, l'ayant embrassée une dernière fois, il partit de Nazareth sans retourner la tête vers tout ce qu'il quittait de cher à son cœur.

Près de la fontaine, Nathanael était assis. Il se leva dès qu'il l'aperçut et, s'approchant de lui :

— Où vas-tu, sans que nous t'accompagnions, Rubbena! lui dit-il, et n'aurais-tu pas pu nous le dire, afin que nous suivions tes pas avec joie?

— La paix soit avec toi et avec tes frères, répondit Jésus ; pour ce qui est de cette heure, vous ne devez pas me suivre,

---

(1) Qui plus tard furent convaincus et devinrent ses disciples.

mais venez me rejoindre sur les bords du Jourdain, si vous voulez me voir avant que j'entre dans le désert pour écouter la voix de mon Père.

Et, seul, il s'éloigna en songeant aux grandes choses que Dieu allait manifester par Lui pour le salut d'Israël et le rachat du monde.

Où allait-il?

Il marchait, s'arrêtant au bord des routes, pour répandre des paraboles dans l'oreille simple des pasteurs; traversant les bourgs et les villages dont il guérissait les infirmes et bénissait les enfants; entrant dans les synagogues où il priait avec le peuple et expliquait le sens caché des prophéties.

Parfois, il s'asseyait à la table de ceux qui l'invitaient et prenait part à leurs repas; d'autres fois, il se nourrissait des fruits sauvages qui croissaient le long des chemins et se désaltérait aux sources qui jaillissaient sous le frais ombrage des palmiers.

Enfin, après avoir gravi des rochers, traversé des défilés abrupts; il arriva au bord d'une vallée affreuse défendue par des roches sauvages et nues, étalant ses replis incultes et désolés, comme les anneaux hideux d'un reptile, entre une véritable enceinte de murailles naturelles formée de montagnes calcinées aux pentes ravagées, comme si toutes les foudres du ciel s'y fussent exercées, dans leur fureur, pendant des siècles.

Le Maître s'arrêta sur un monticule et contempla ce théâtre d'horreur.

Au-dessus de sa tête, le ciel embrasé comme une fournaise, versait, par la bouche du soleil, des torrents de feu sur la surface unie et sans vagues de la mer immense de Sodome, dont les lourds remous crachent sur ses bords désolés, la mousse stérile et nauséabonde du bitume, sous l'ombre tranchante des rochers qui l'entourent et dentèlent ses rivages.

Quelle lugubre différence entre cette mer morte d'une

mort infâme et pesante, sur laquelle nul être vivant ne
s'aventure, en horreur de ses exhalaisons méphitiques qui
angoissent l'homme et font mourir les oiseaux, et l'azur
limpide, sillonné de voiles blanches et traversé d'ailes agiles,
du beau lac de Tibériade, mer limpide de Génézareth, dont
l'eau tiède et pure se boit avec délices lorsqu'elle a été
rafraîchie dans les amphores de terre poreuse.

— N'ont-ils point regardé tes rives et ta surface, ô mer
maudite, s'écria Jésus, ceux qui doutent de la puissance de
mon Père et des terribles vengeances que répandent son nom
profané et ses miséricordes méconnues ! Pentapole, écrasée
par la colère du ciel, ravagée par le feu mystérieux, semée
du sel qui empêche la corruption des ruines de gâter l'air qui
les entoure, et stérilise à jamais les champs du mal et les
sillons du péché, puisse ta désolation rester toujours confinée
dans l'enceinte de tes montagnes calcinées, puisse-t-elle ne
pas gagner les campagnes luxuriantes de Chanaan et n'y pas
étouffer la semence du Salut quand elle sera répandue à
pleines mains sur Israël !

. . . .

Ayant ainsi parlé, il se remit à marcher sur le rivage,
parmi les roseaux innombrables qui encombrent ces maré-
cages où bouillonnent des sources d'eau saumâtre, sur ces
rives où la vie marine est à peine représentée par de rares
coquillages, fruits d'une mer sans fécondité et sans entrailles,
tandis que l'air y engendre des multitudes d'insectes, dont
les larves attirent des oiseaux de passage qui se hâtent de
s'enfuir après avoir glané leur butin.

Il se dirigeait vers l'orient de ces pics désolés et son
regard se fixait sur ces montagnes aux flancs brûlés,
comme s'il eut espéré y voir s'agiter quelques fantômes
vivants.

Parmi les aiguilles qui se dressent au milieu des rochers
tournés au levant, l'œil du voyageur contemporain aperçoit

encore des excavations creusées de main d'homme, qui semblent les alvéoles d'une ruche abandonnée.

A cette époque où l'antique Engaddi, aujourd'hui poussière et débris dans une vallée de ruines, épanouissait au soleil ses constructions éclatantes et ciselées, non loin de l'ancienne Masada, dernier boulevard de l'indépendance judaïque, des hommes fuyant toutes les œuvres du monde, uniquement occupés d'approfondir les sciences divines et de purifier leur âme dans la méditation et l'exercice de la thérapeutique sacrée, vivaient dans ces cellules, en solitaires, unis entre eux par de mêmes vœux de contemplation et de foi.

Les gens de la Syrie les connaissaient bien et les nommaient *assayas*, c'est-à-dire médecins, qui ont pénétré les vertus de toutes choses et les appliquent à la guérison des maux de toutes sortes.

Jésus aussi les connaissait, car, bien souvent, dans ses courses, il avait visité leurs retraites et s'était entretenu avec eux sur le mystère des Ecritures et l'avenir des prophéties. Jamais, encore, toutefois, il n'avait révélé à aucun d'eux le secret divin qui reposait en lui.

Pour eux, comme pour tous les autres, il n'était encore que Jésus, fils de Marie et du charpentier Joseph de Nazareth, un homme au-dessus des autres par sa foi, ses lumières intuitives sur les voies du Seigneur et son ineffable amour de la justice.

Mais, cette fois, ce n'était plus en simple voyageur que le Maître s'avançait vers leurs retraites, en allant au Jourdain.

A peine était-il arrivé au bas du rocher sur les flancs escarpés duquel s'étageaient leurs cellules, qu'il vit se détacher des ombres d'une grotte, deux hommes vêtus de lin qui, descendant d'un pied sûr, les degrés creusés à pic dans le roc, s'approchèrent respectueusement.

Dès qu'ils furent devant lui, ils s'inclinèrent et lui dirent :

Tu seras la pierre sur laquelle j'appuierai, pour les siècles,
les fondations de la Cité nouvelle et de l'éternelle Jérusalem. (P. 75.)

— *Mikwe Israel*,[1] salut! Nous venons à toi, car nous te prions de venir à nous, Eliud, notre patriarche, nous ayant ordonné de t'inviter à t'arrêter en passant, dans la pure altitude de nos retraites.

— Vous avez bien parlé en me saluant de ce nom, répondit Jésus, car la miséricorde de Johah a visité son peuple, et voici que de grandes choses s'accompliront, avant peu de temps, par la puissance du Verbe incarné d'Adonaï, notre Père!

Aidé de ses deux compagnons, le Maître gravit avec eux la rampe aride du rocher. Après de nombreux efforts, tous trois parvinrent à une espèce de plate forme sur laquelle s'ouvrait une grotte plus vaste que les autres.

Dans le fond ténébreux, étoilé par la lueur rougeâtre des cires et des lampes allumées, une table de granit montrait sur la blancheur d'une nappe immaculée, une coupe large taillée dans un bloc de pierre précieuse et revêtue de signes mystérieux; auprès d'elle, un pain pétri sans levain et cuit sous la cendre étalait son disque pâle soigneusement époussetté.

Autour de cette sorte d'autel, des hommes et des femmes Assayas en longue robe de lin, aux cheveux flottants que jamais le fer n'avait touchés, entouraient un vieillard vénérable vêtu de lin blanc, les pieds nus et la tête ornée seulement de la neige de ses cheveux.

Le Sauveur s'arrêta, à ce spectacle, au seuil de la grotte, sans parler autrement que par la douce majesté de son regard et la noblesse de sa personne.

— *Malca Meschieka!*[2] prononça alors le vieillard, porte tes pas jusqu'à cet autel, toi que nous attendons depuis les siècles de la promesse! Sois béni, ô roi Messie, dans la

(1) En hébreu : Espoir d'Israël.
(2) En hébreu : Ô Roi Messie.

louange d'Adonaï Dieu d'Israël qui, seul, fait des miracles !...

Et toutes les voix en chœur des assistants s'écrièrent, tandis qu'ils inclinaient leurs fronts et couvraient leur tête de leur bras gauche en signe de respect :

— *Schelicha Dischmaja!*[1] sois béni ! Louange à toi, Rédemption d'Israël !...

Alors, un bassin rempli d'eau fut apporté et le vieillard, lui-même, lava les pieds du divin voyageur.

Quand il eut achevé il se releva et, prenant la coupe pleine de vin sur laquelle il éleva le pain, il la présenta à Jésus en lui disant :

— Voici la coupe pleine du vin symbolique; voilà le pain, immortelle image de la vie; je te salue, ô Prêtre éternel selon l'ordre de Melchisédech, roi mystique de Salem et pontife souverain du Dieu Inaccessible, monarque mystérieux de la Paix, sans père et sans mère, sans généalogie et sans histoire, ancêtre des jours sans limites et majestueuse figure sacerdotale du Fils de Johah! Reçois, ô roi Messie, cette coupe que nous gardons, héritage sacré d'Abraham, qui la reçut lui-même du roi mystérieux de Salem pour la réalisation aujourd'hui commencée de la Promesse Rédemptrice. Mange ce pain et bois ce vin car l'alliance entre le ciel et la terre est une fois de plus consommée en Toi![2]

Le Maître leva les yeux au ciel :

— Je te rends grâces, ô mon Père, dit Jésus, de ce que tu as préparé mes voies qui sont celles de ta gloire et de ton amour! Buvons tous de ce vin et mangeons tous de ce pain dans la grâce de la vie nouvelle qui va sortir éclatante des ténèbres du péché et des ombres de la mort.

(1) Messager du Ciel.

(2) Melchisédech, prêtre éternel et figure symbolique de la nouvelle alliance. Génèse, chap. XIV, ỳ. 18. Psaumes CIX, ỳ. 4. Saint Paul, épître aux Hébreux, chap. VII, ỳ. 1 et suiv.

Et, ayant rompu le pain, il le distribua ; tous en mangèrent avec lui et goûtèrent au vin figuratif du calice symbolique. [1]

.   .   .   .

Au loin, les villes romaines bruissaient de plaisirs et de fêtes, dans la foule de leurs dieux impurs et sous le joug dégradant de leurs maîtres débauchés ; Jérusalem étincelait au soleil dans son manteau de marbre ciselé par les impies, tandis que la fumée infecte des holocaustes inutiles montait en puanteur vers le ciel dégoûté des graisses et du sang des victimes abominables désormais devant Jéhovah !

Et, dans le morne silence de la montagne austère, Jésus, prêtre nouveau de l'éternel amour, descendit pour tourner ses pas vers les sources du Jourdain.

(1) Catherine Emmerich, dans le récit de ses visions, a parlé assez longuement des relations de Notre-Seigneur avec les Assayas. D'après elle, ces saints solitaires avaient souvent reçu la visite du divin Maître, avant son entrée dans la vie publique, et ils paraissaient parfaitement savoir qu'en Jésus allaient se réaliser les prophéties concernant l'œuvre de la Rédemption. C'était aussi l'opinion des Pères de l'Eglise.

IV

JEÁN LE " BAPTISTE. "

Entre deux rivages parés de lauriers roses, d'acacias et
de nopals, dans le panorama des hautes montagnes du
Liban, au fond d'une extraordinaire dépression de terrain,
une des plus étonnantes du globe, s'étale le cours capricieux
du fleuve sacré à la mémoire et au cœur des fils de Moïse
et des enfants du Christ.

Parti du pied des montagnes de l'anti-Liban, comme un
étroit filet d'eau limpide, il se grossit, en route, d'affluents
qui élargissent son cours avant de l'amener au lac Houlé, [1]
bassin large et sans profondeur, presque sec pendant les
chaleurs de l'été et que fait déborder la fonte des neiges de
l'hiver; rapide comme un torrent, limpide comme le cristal,
le fleuve vénéré roule ses eaux poétiques tantôt sur des

(1) Ce lac peut avoir quatorze kilomètres de longueur sur quatre de largeur.
Le Jourdain a un cours de près de deux cents kilomètres.

galets polis que l'œil peut compter sans peine, tantôt sur
des rochers qui les font bouillonner en cataractes retentis-
santes et neigeuses, tantôt, après le pont de Jacob, en
torrent dans l'encaissement de la vallée profonde ; puis il
traverse le lac de Tibériade, ancien cratère d'une chaîne de
volcans éteints d'où il sort pour se répandre en sinuosités
paresseuses, inondant la plaine à la saison des pluies, dans
un lit de cent pieds de large qui, aux heures de son calme,
reflète un azur plus bleu que celui même du ciel.

Enfin, après avoir franchi vingt-sept rapides effrayants
et de nombreux obstacles de rocher, il vient se perdre dans
le gouffre de la mer Morte où, longtemps, ses eaux forment
un sillon bleu, comme impuissantes à se mêler à ces flots
épaissis de bitume de sel et de soufre.

Non loin de là s'étendait, florissant, le pays de Jéricho,
traversé par l'eau fraîche de la fontaine d'Elisée, jaillie du
sol en des temps de colère divine et chargée autrefois d'une
amertume nauséeuse qu'à la prière des habitants de la ville,
le prophète changea en douceur limpide, en y jetant une
poignée de sel et en disant :

« Voici que j'ai guéri ces eaux au nom du Seigneur ! »

« Ce pays luxuriant[1] de soixante-dix stades[2] de longueur
sur vingt de largeur était plein de beaux jardins où pous-
saient des palmiers de diverses sortes et donnant des fruits
variés ; quelques-uns fournissaient un miel délicieux.[3] Des
cyprus et des mirobolants y distillaient le baume, cette

(1) D'après l'historien Josephe. *Guerre des Juifs*, l. v, chap. iv.

(2) Le stade hébreu était de quatre cents coudées, environ cent quatorze toises et
celui des grecs de cent vingt-cinq pas géométriques. Il s'agit ici du stade hébreu car
Josephe l'historien, né en 37 après Jésus-Christ, était juif et descendait par son
père Mathatias, des grands prêtres de Jérusalem et par sa mère, de la souche royale
des Macchabées. Il vivait à Rome sous Domitien et écrivit en grec la relation des
faits dont il fut témoin oculaire en Judée.

(3) Des auteurs ont crû qu'il s'agissait de la canne à sucre.

liqueur précieuse qu'aucun fruit ne saurait égaler. Pays incomparable et divin, unique au monde, puisant sa fécondité dans la chaleur de l'air et l'excellence des eaux. C'est par leur double influence que les feuilles et les fleurs s'ouvrent et que les racines fabriquent la sève généreuse qui, sans ce rafraîchissement, ne pourrait alimenter la végétation. Cependant, cette chaleur est tempérée par le vent du matin qui rafraîchit l'eau que l'on puise avant le lever du soleil; pendant l'hiver cette eau est tiède et l'air y est si doux que, lorsqu'il neige dans les autres régions de la Judée, ici un simple habit de lin suffit à se couvrir. Ce pays est éloigné de Jérusalem de cent cinquante stades et soixante le séparent du cours du Jourdain. Mais, entre lui et le Jourdain, comme sur les terres qui s'étendent de ses limites jusqu'à Jérusalem, c'est la stérilité du désert sans culture qui règne parmi le sable et les pierres. »

Non loin de là, aussi, Hérode avait fait bâtir une villa somptueuse où il venait se reposer des soucis de son ambition dévorante, à quelque distance des rochers désolés où la puissance ténébreuse de Satan devait tenter en vain la vertu du Fils de l'Homme.

En ce temps là, des foules nombreuses se pressaient vers les rives du Jourdain, attirées par la renommée d'un prophète nouveau, surgi du désert et qui prêchait à tous, en les exhortant à la sanctification, l'énigmatique espérance d'un prochain salut dont l'instrument prédestiné allait se lever de Juda.

On était à la quinzième année du règne de l'empereur romain Tibérius, (vingt-huitième de notre ère).

Jean prêchait à tous les échos la préparation au prochain salut d'Israël, par la cérémonie d'un baptême nouveau caractérisé par l'immersion totale dans les eaux, différenciant ainsi ce baptême des ablutions fréquemment employées dans les rites de la religion Judaïque.

Tantôt à Béthanie, d'abord, et tantôt à Bethabara, il était enfin venu se fixer, pour exercer son apostolat prophétique, dans cette partie du désert de la Judée qui avoisine le lac Asphaltite, non loin de Jéricho, sur la rive orientale du fleuve sacré, avant le passage duquel les soldats de Josué avaient, jadis, reçu de leur chef l'ordre de se sanctifier en vue des merveilles que, par leurs bras, le Seigneur Johah Adonaï, Dieu d'Israël, allait accomplir pour le triomphe de son peuple.

La nouvelle s'en était répandue avec rapidité dans le peuple qu'opprimait le joug étranger doublé de l'hypocrisie tyrannique des scribes et des pharisiens qui étaient décidés à tout sacrifier au maintien de leurs privilèges aristocratiques et opulents que protégeait César.

Aussi, le peuple l'aimait parce qu'il voyait en lui l'ami de sa douleur, la résurrection des prophètes et l'espérance de la liberté future de Juda.

— Faites pénitence! criait-il à tous les échos retentissants des solitudes, faites pénitence, car, voici venir le temps de la colère effrayante de Dieu et de l'établissement de son royaume! Déjà la cognée est à la racine de l'arbre condamné; bientôt il sera abattu, coupé et jeté au feu! Amendez-vous, pharisiens impudents, race de vipères! Riches opulents, faites l'aumône de vos biens aux pauvres avant que vous les voyiez s'abîmer et s'anéantir dans les catastrophes du Seigneur! Courbez la tête, scribes orgueilleux qui vous prétendez des fils d'Abraham et sachez, insensés, que le temps approche ou Johah Adonaï fera des fils d'Abraham avec les pierres qui roulent inertes sur les chemins des nations!... O Docteurs appesantis par les ténèbres de votre fausse science, qui abaissez dans des disputes stériles la grandeur de la Loi, sachez que les petits enfants vont être plus savants que vous!...

Et toi, peuple de Juda, amende-toi dans la prière, dans

l'amour, et renais du baptême si tu veux triompher; et vous, nations, venez en foule, car la table du salut sera dressée pour l'univers!

. . . .

Et, debout sur la rive, dans sa haute et athlétique stature, les cheveux et la barbe crépus et incultes, le regard perçant comme celui de l'aigle, vêtu d'une rude tunique en poil de chameau, appuyé sur un bâton de palmier, en forme de T[1] il admettait au baptême, parmi les foules qui accouraient à sa voix, les plus dignes qu'il distinguait d'un coup d'œil, refusant souvent d'immerger les hypocrites venus, pour le railler, les curieux avides d'un spectacle pittoresque et, parmi les gentils, ceux qui lui paraissaient indignes de recevoir l'ablution symbolique et régénératrice, prémisse de la foi nouvelle.

Or, un groupe d'hommes se détacha, ce jour-là, de la foule, et ils vinrent à lui, avides de le questionner.

Il les reconnût à leurs vêtements ornés de glands de couleur et d'inscriptions de la Loi, vaine parade extérieure des hypocrites du cœur desquels est absente la foi qui doit régner derrière l'apparence des symboles.

— Que me voulez-vous, leur dit-il, et pourquoi venez-vous, en ce désert, fouler aux pieds le pain des enfants de Dieu?

— Maître, lui dirent alors les nouveaux venus, nous sommes prêtres et docteurs en Jérusalem et nous venons, tant au nom du Sanhedrin respectable qu'en celui des pouvoirs étrangers qui commandent à Sion te demander qui tu es? Es-tu le Christ annoncé par les prophètes et qui doit se lever de Juda?

— Ce n'est pas moi qui suis le Christ, répondit le baptiste avec humilité et franchise.

____

(1) La croix fut originairement de la forme d'un T.

— Mais, alors, que signifie le mouvement que tu pro-
voques en Judée, si tu n'es pas le Christ et le Messie que
nous attendons sur la foi des Écritures? Es-tu donc Élie, car
Élie n'est pas mort et il doit se manifester au monde en des
temps solennels?

— Je ne suis pas Élie!

— Alors tu es un prophète, sans doute, ajoutèrent-ils,
non sans une certaine ironie.

— Non, répondit Jean le baptiste, je ne suis pas un
prophète!

— O homme extraordinaire, reprirent les envoyés; qui
donc, alors, peux-tu bien être? Dis-nous-le, afin que nous le
sachions et que nous rendions ainsi réponse à ceux qui
nous ont missionnés vers toi, pour être renseignés de ta
propre bouche. Que penses-tu de toi-même et comment te
caractérises-tu?

— Je suis, dit Jean le baptiste avec une majesté sévère,
la voix de celui qui crie dans le désert : Préparez les chemins
du Seigneur et rectifiez, dans les solitudes, les routes de notre
Dieu! Voici que les collines orgueilleuses seront abaissées et
que l'humilité des vallées sera exaltée; les mauvaises routes
deviendront bonnes et les sentiers escarpés seront aplanis.
Et voici que la gloire d'Adonaï sera révélée de nouveau et
que le Verbe du Seigneur se répandra sur toute chair!
C'est ainsi qu'a parlé Isaïe le prophète, et qu'il a dit aussi :
« Toute chair n'est que du foin, et toute gloire est éphémère
comme la fleur des champs; or, le foin est sec et la fleur
est coupée, parce que le souffle de Johah a passé sur eux!
Et il ne reste rien, rien que le souffle éternel d'Adonaï notre
Dieu![1] »

— Dis-nous donc, alors, de quel droit tu baptises, puisque

____

(1) Isaïe, ch. xl, ÿ. 3-8. Ev. S. Jean, ch. i, ÿ. 23.

tu dis toi-même que tu n'es ni le Christ, ni Elie, ni même un prophète?

— Quant à moi, leur répondit alors Jean le baptiste, je baptise dans l'eau ; mais au milieu de vous il en est un que vous ne connaissez point, qui m'a été préféré et qui viendra après moi, croissant pendant que je diminuerai, et je ne suis pas digne de dénouer les courroies de ses sandales. Voilà ce que vous pouvez répondre à ceux qui vous ont envoyés.

. . . .

Tout à coup la figure du baptiste s'illumina et ses yeux, éclairés d'allégresse, se fixèrent sur un homme vêtu d'une robe de lin blanc, qui s'avançait à travers la foule d'un pas si noble, qu'elle s'ouvrait devant lui comme jadis les flots de la mer Rouge, sous les pas de Moïse.

D'un geste, Jean ordonna le respect, et lui-même s'inclina devant le nouveau venu qui lui dit avec une humble douceur :

— Baptise-moi, Jean, je suis venu, car je connais que tu prépares les voies qu'il faut préparer.

— Seigneur, répondit alors le baptiste, comment oserai-je te baptiser ; n'est-ce pas à moi, au contraire, de te demander le baptême?

Mais, déjà, Jésus était entré dans l'eau du fleuve et il inclinait la tête.

Jean, alors, répandit l'onde sur lui et voici qu'il vit la tête du Messie resplendir aux feux mystérieux du Saint-Esprit et qu'une voix parla dans la splendeur des cieux, disant :

« Celui-ci est mon Verbe et le Fils bien-aimé de mon paternel amour ! »

Et, aux oreilles de tous, Jean cria d'une voix retentissante qui frappa tous les échos du Jourdain :

— Voici l'agneau de Dieu! voici celui qui efface les péchés du monde! C'est de lui que j'ai dit qu'antérieur à moi

il viendrait après moi. Je ne le connaissais pas, mais je suis
venu baptiser dans l'eau afin de l'annoncer en Israël. J'ai vu
l'Esprit du Seigneur descendre comme une colombe et se
reposer sur lui; c'est lui qui baptisera, maintenant, dans le
Saint-Esprit, parce que celui qui m'a envoyé baptiser dans
l'eau, m'a appris à le reconnaître à ce signe. Voici le Fils de
Dieu! Ecoutez sa parole!

V

LA TENTATION.

Au sortir des eaux du fleuve sacré, Jésus redescendit le cours du Jourdain et, à l'exemple des thaumaturges et des prophètes, sur le seuil de son apostolat, il s'enfonça dans le désert pour y méditer, pendant plusieurs semaines, au milieu des jeûnes et des austérités et rendre à Dieu dans la tentation de Satan, hommage de la force divine qu'il avait reçue de lui.

A un kilomètre environ de la fontaine d'Elisée, s'élève une montagne aux flancs désolés et calcinés, creusée de sombres retraites, où, seules les bêtes féroces, viennent chercher asile.[1]

Des pentes roides et étroites, aux sentiers périlleux, mènent à ces cellules, par des sortes d'escaliers ravinés par les torrents, rasant les corniches qui surplombent et, d'étage en étage, permettent d'atteindre au péril de la vie, la grotte la plus élevée.[2]

---

(1) Cette montagne est encore appelée aujourd'hui par les arabes : *Djebel-Karantal* ou montagne de la Tentation et de la *Quarantaine*. (Bourassé.)

(2) Sainte Hélène fit plus tard aménager cette grotte en chapelle et en bâtit une autre au sommet de la montagne où d'ailleurs n'ont gravi que de très rares pèlerins à cause du danger de l'ascension. Aux premiers siècles de l'Eglise toutes

Dans le secret du silence, le Dieu fait homme gravit la montagne austère et s'arrêta au seuil de la sombre retraite.

Un mince filet d'eau y coulait, suintant des anfractuosités du roc, alimenté, peut-être, par une nappe supérieure entretenue par les pluies. Des figuiers sauvages et quelques maigres dattiers croissaient çà et là dans des coins d'ombre où stagnaient quelques rares amas de terre végétale.

Des feuilles sèches garnissaient le fond de la grotte qui avait été plusieurs fois habitée par de fervents solitaires, pendant des périodes de pénitence.

Jésus contempla un instant le panorama splendide qui se déroulait sous ses yeux, la vallée prestigieuse du Jourdain, le désert de Thécué, les montagnes de la Judée et de la Galilée, les chaînes du Liban et de l'anti-Liban, les plaines élevées de Moab et de Galaad, les sommets azurés des montagnes de l'Orient et les horizons infinis qui englobent les déserts stériles de l'Arabie.

Il étendit par terre son manteau de laine, s'assit dessus à la manière de la Judée et tomba dans une méditation profonde.

C'est alors que les longues réflexions et les veilles sans fin, amenèrent son esprit à envisager, dans l'infini de sa grandeur et la bassesse de son humiliation, le miracle de l'incarnation du Verbe Eternel.

Et si, en lui, le Fils de Dieu se sentit grand, en même temps, le fils de l'homme se sentit, par sa nature humaine elle-même, le point de mire de Satan et la barque ballottée sur l'océan sans fond des mirages de la vie et des illusions de la mort.

ces grottes furent habitées par des solitaires qui en furent chassés plus tard par les musulmans vainqueurs. Chaque année encore, paraît-il, des pénitents Ethiopiens y viennent passer le temps du carême dans le jeûne et la prière.

(Bourassé. *La Terre Sainte*).

— O Père! Père! s'écria-t-il, de quel redoutable mystère ne suis-je pas le vivant tabernacle! Voici que j'ai quitté les splendeurs ineffables de votre sein éternel pour venir parmi les ombres dans lesquelles marchent les enfants des ténèbres, et je sens qu'autour de moi l'armée de l'adversaire de votre Face va se mobiliser pour lutter contre votre Christ, en essayant de séduire celui qui s'est incarné sous la forme humaine. Faites que je puise, face à face avec vous dans l'adoration de votre Nom, la force nécessaire à celui dont il a été dit que les nations frémissantes ont en vain comploté sa défaite.

. . . .

Et, chaque jour, pendant ses jeûnes, et chaque nuit, pendant ses veilles, sous les rayons dévorants du soleil, sous la clarté scintillante des étoiles, la même prière, jaillie de son cœur, résonnait sur ses lèvres dans le silence de la montagne et le muet assentiment du ciel.

. . . .

Mais l'heure de l'épreuve morale allait bientôt sonner; car, près de quarante jours s'étaient déjà écoulés, la nature tourmentée par le jeûne reprenait insidieusement ses droits et Jésus avait faim.

Et comme il souffrait de ce chef, un bruit inaccoutumé troubla le silence de la montagne et il lui sembla qu'un pas léger gravissait le sentier, froissant, en passant, le feuillage épineux des aloès et des figuiers et faisant, parfois, rouler dans les abîmes, les pierres branlantes du chemin.

Un homme vêtu de la tunique blanche des Assayas était devant lui.

— Qui es-tu? demanda Jésus et que me veux-tu?

— Seigneur, dit l'inconnu en se prosternant aux pieds du Maître, je suis envoyé vers toi par le vénérable Eliud qui, sachant que ta retraite touche à sa fin et que tu as subi avec triomphe tant d'austérités, m'a ordonné de venir, au

nom de ses frères et au sien, m'agenouiller devant toi et
t'adorer. Tu dois avoir bien faim, Seigneur, car ton visage
porte la trace de grandes privations. Mais, comme ton jeûne
est fini, tu vas te rassasier quand tu redescendras demain
dans les campagnes de Jéricho. Pourtant, jusqu'à demain,
comment feras-tu? Fils de Dieu, use de ta puissance; fais
que ces pierres deviennent des pains et nous mangerons
ensemble la nourriture du miracle; tu peux faire ce prodige
puisque ton baptême a rendu témoignage de ta divinité.

. . . .

— Satan! lui dit Jésus, pourquoi me tentes-tu et dans
quelle espérance? Ignores-tu qu'il est écrit que l'homme ne
vit pas seulement de pain, mais de toute parole de Dieu![1]
Satan! retire-toi, car la nourriture du Fils de Dieu ne
pousse point sur la terre et, seul, le Père la connaît et la
dispense.

Alors, tout s'évanouit et l'horreur du rocher calciné
apparut de nouveau dans son aridité affreuse.

. . . .

Un ricanement se fit entendre et, à la place du visiteur
prosterné, un peu de fumée noire serpentait en rasant la
terre, seul témoignage de la ruse et de la perfidie du tentateur
repoussé.

Et Jésus se remit à prier, et pendant qu'il priait, il
entendit jaillir des eaux abondantes, il vit le rocher aride
se couvrir de toutes les végétations luxuriantes des jardins
de Chanaan, offrant à ses mains, prêtes à être cueillies, les
pastèques à la chair rosée, les oranges au jus délectable,
les bananes à la chair savoureuse, les dattes succulentes, les
grasses olives; des abeilles bourdonnèrent dans des creux de
rocher d'où coulait un miel d'or et des voix humaines disaient:

— Gloire au Fils de Dieu qui a faim et auquel les anges

____

(1) S. Luc. ch. iv, ỳ. 4

servent des repas, qu'il se lève et qu'il mange! qu'il se désaltère et qu'il se rassasie!

. . . .

Mais Jésus s'enfonça davantage encore dans sa prière, et pénétrant l'avenir, il se disait :

. . . .

— Voici que le cycle des malheurs de Sion est désormais révolu. Le peuple a enfin entendu la voix des prophètes, il a reconnu son esclavage, secoué ses chaînes, reconquis sa force et acclamé son Messie et son roi.

Honteusement chassés de la Palestine, les oppresseurs impies reprendront en désordre, eux et leurs soldats, la route de leurs provinces où, bientôt, le peuple juif redevenu le peuple de Dieu va les poursuivre pour les exterminer à jamais et étendre à toute la terre les frontières miraculeusement élargies de Chanaan!

A cette heure, Jérusalem ouvrira au rejeton de David ses portes magnifiques et, triomphateur, il sera, au milieu des pavoisements glorieux et des cris d'allégresse, acclamé par cent mille poitrines :

— Salut et gloire! Hosanna! Gloire au Messie! Triomphe au fils de David, plus grand que David! plus sage que Salomon! Roi Messie! Fils de Dieu! Rénovation et salut d'Israël! Hosanna!

Et cent trompettes, en éclats de tonnerre, ébranleront tous les échos de Sion et les parvis du temple de Jéhovah où j'offrirai le sacrifice de gloire et de reconnaissance aux autels restaurés d'Adonaï! parmi les cris des victimes et les fumées de l'encens.

Et, soudain, il se sentit transporté sur une haute montagne du sommet de laquelle l'œil émerveillé pouvait contempler tous les royaumes de la terre, dans la pompe de leur gloire et l'éclat de leurs splendeurs.

— Vois, dit le tentateur; toutes ces magnificences; veux-tu

Le soldat reparut portant, sur le plateau, la tête sanglante et pâle
du Baptiste. (P. 92.)

m'adorer et tout cela t'appartiendra? Cette puissance et ces royaumes m'ont été donnés et, à mon tour, je les donne à qui il me plaît. Je suis le prince de l'univers et le dispensateur de la gloire; je réjouirai ton cœur en couronnant ton front. Roi d'Israël, je te rends le trône de tes aïeux et je brise à tes pieds toutes les couronnes du monde; sois reconnaissant et adore-moi!

Une sainte colère enflamma alors le cœur divin du Messie.

. . . .

— Retire-toi de moi, Satan! s'écria Jésus, et souviens-toi, vaine fumée d'illusions et de mirages, qu'il a été dit par Moïse au nom de Jéhovah notre Père : Vous adorerez le Seigneur votre Dieu, entièrement, perpétuellement et vous ne connaîtrez que Lui seul!

Et, les yeux levés vers le ciel :

— O mon Père, dit-il, vos œuvres ne sont point de la terre et les vaines pompes du triomphe ne peuvent glorifier votre nom! La mission que vous m'avez confiée ne sera pas sanctionnée par l'éclat des trompettes; que votre seule gloire soit la mienne, en votre unique volonté!

Et tout retomba dans le profond silence de la nuit resplendissante, interrompu seulement par le cri des chacals du désert. Le mirage trompeur de Satan, une fois de plus, s'était éteint dans la fumée du mensonge et du rêve.

. . . .

Cependant, le désert disparut de nouveau à ses yeux que le sommeil allait clore. La troisième tentation était proche.

. . . .

Jésus eut alors un rêve prophétique; il enseignait dans le temple et, pendant que ses auditeurs l'écoutaient avec admiration, il lui sembla qu'il se sentait allégé du poids terrestre de son corps qui n'obéissait plus aux lois communes de la pesanteur.

Un instant après, il était sur le pinacle du monument et

un homme vêtu en lévite, qui l'avait accompagné, lui dit :

— Regarde ce peuple qui t'écoute et dont le dur entendement regimbe souvent à te comprendre, parce qu'il a peu de foi et qu'il lui faut des prodiges pour le convaincre, comme au temps où, jadis, Moïse le comblait de miracles. Comment, toi qui est le Fils de Dieu, peux-tu te résoudre à passer à ses yeux pour un simple rabbi? Ne vois-tu pas que ces enfants d'Abraham n'attendent de toi qu'un signe pour t'acclamer comme tu le mérites et croire en toi? Tu peux bien te précipiter en bas de ce temple puisque tu es le Fils de Dieu, car tu sais bien que la puissance de Dieu est au service de son Fils et qu'il est écrit que ses anges ont reçu l'ordre de veiller pour que son pied ne heurte nulle pierre et qu'il ne lui arrive aucun mal. Ta mission sera prouvée, jette-toi en bas!...

Et le peuple réuni attendait le signe du témoignage.

. . . .

— Retire-toi, Satan! et ne reviens plus, dit Jésus, car il est écrit aussi : Vous ne vous servirez pas en vain du nom divin de Johah pour tenter le Seigneur votre Dieu, en affrontant sans nécessité les pièges de la fatalité; retire-toi, Satan, car rien en moi ne relève des remous de tes embûches!...

Et, de nouveau, le divin Maître pria et il dit :

— O Père! Père! votre volonté, toute votre volonté, rien que votre volonté! Vous m'avez envoyé et me voici prêt à vous obéir et à me consacrer tout entier à votre œuvre. O Père, je sais ce qu'ont dit les prophètes, ce qui a été écrit dès l'origine du monde de votre Christ et je suis votre Christ, parlez-moi et montrez-moi la route!

Alors, l'horizon tout entier se couvrit d'une vapeur sanglante, qui rougit la terre et le ciel comme un reflet d'incendie immense, et une vision sans nom se déroula aux yeux spirituels du Fils de l'Homme.

Sur le fond de ce décor de fournaise, la ville sainte apparut avec ses monuments, ses palais, son temple et ses maisons, et de grandes foules s'agitaient dans ses rues en brandissant des palmes comme des ailes verdoyantes, et il se vit, triomphateur d'un jour, acclamé par la multitude en délire.

Puis, tout se tût et s'assombrit, et des soldats et des prêtres apparurent avec des figures pleines de haine et des lèvres débordantes d'insultes et ils allaient, traînant un homme chargé de toutes les douleurs de la terre, se dirigeant vers une colline au sommet calciné, dominant une vallée de débris et d'ossements, et, des quatre points cardinaux du ciel, quatre nuages noirs s'avancèrent qui se réunirent au sommet de la montagne formant une croix, sur laquelle s'étendit une victime défigurée par la douleur et horrifiée par l'angoisse.

Et il vit ce supplicié agoniser et mourir, entouré de sarcasmes et de blasphèmes, renié des hommes, abandonné du Ciel, opprobre de la terre et joie momentanée de l'enfer.

Et une voix éclatante cria :

— Voilà la volonté du Père, voilà le destin du Fils de l'Homme, voilà le drame de la rédemption des hommes opérée par le Fils de Dieu !

Et Jésus dit :

— O Père, puisque telle est votre volonté, ainsi sera la mienne pour la gloire de votre saint Nom !

A peine avait-il ainsi parlé, qu'une lumière éblouissante et céleste fit au bois du supplice une divine auréole, tandis que des voix venues de tous les points du ciel chantaient :

« Gloire au Père ! Gloire au Fils ! Gloire au Saint-Esprit ! Gloire à la Trinité auguste ! le mystère est accompli et le monde est sauvé ! Sainteté au Messie ! Hosannah au Fils de Dieu ! »

Et tout disparût.

De nouveau Jésus pria, et une telle illumination l'entoura qu'il comprit que, cette fois, la force du Seigneur le vêtait de splendeur et l'environnait d'anges.

Et comme la quarantième nuit était chassée par l'aurore d'un jour nouveau, il quitta sa retraite et redescendit sur les bords du Jourdain où Jean baptisait toujours les foules empressées à sa voix prophétique.[1]

(1) L'Evangile de saint Luc, ch. IV, rapporte les tentations de Notre-Seigneur Jésus-Christ dans l'ordre indiqué ici. La tentation du pain, y. 3. Celle des royaumes de la terre, y. 5. Celle du pinacle du temple, y. 9.

Saint Marc dit que Notre-Seigneur fut tenté au désert mais ne donne pas de détails. Saint Jean garde le silence sur ce point. Enfin saint Matthieu rapporte les tentations comme saint Luc mais dans un ordre différent, ch. IV. La tentation du pain, y. 3. Celle du temple, y. 5. Celle de la montagne, y. 8.

VI

LE PAYS DU « PROPHÈTE. »

Il allait, pâli par le jeûne, exténué dans son corps par la mortification de sa chair, mais puissant dans son âme et le front rayonnant du nimbe glorieux qui couronne la tête des Saints, sur qui resplendit le reflet vivant du soleil éternel de la justice.

Et comme il s'avançait, de nouveau Jean s'interrompit de baptiser et s'écria :

— Regarde, ô peuple, et adore! Voici l'Agneau de Dieu! voici Celui qui ôte les péchés du monde; Celui que j'ai vu et auquel j'ai rendu témoignage en le saluant Fils de Dieu!

Alors, deux hommes,[1] qui écoutaient Jean, s'approchèrent de Jésus et se dirent entre eux :

— Suivons-le, puisque Jean l'appelle le Messie, et peut-être nous enseignera-t-il ce que nous ne savons pas.

— Que cherchez-vous? leur demanda Jésus.

— Maître, dirent-ils en s'inclinant devant lui, dites-nous où vous demeurez?

---

(1) L'un des deux était André, frère de Simon, qui fut saint Pierre. (Saint Jean, ch. I, ꝟ. 40.)

— Venez donc, leur dit-il, et voyez vous-mêmes.

Ils le suivirent et ils marchèrent jusqu'à Nazareth.

— C'est ici, leur dit Jésus, que votre foi va être confirmée ou anéantie. Suivez-moi.

Ils obéirent et, à sa suite, entrèrent dans la Synagogue où le peuple était rassemblé et priait.

Quand la prière fut finie, le Maître se leva et, s'approchant de la tribune, demanda le rouleau qui contenait le texte des Écritures.

On le lui donna et c'était le livre du prophète Isaïe. Et l'ayant ouvert, il y lut ces paroles :

« L'Esprit du Seigneur a soufflé sur moi et j'ai reçu l'onction divine d'Adonaï; voici qu'il m'a envoyé pour annoncer la bonne nouvelle de l'amour, l'absolution de ceux qui pleurent leurs péchés, la guérison des cœurs accablés, le salut des captifs et la rupture des chaînes qui ferment l'entendement des aveugles.

» Voici le temps des miséricordes du Seigneur et je l'annonce, et voici que je prophétise, en même temps, la vengeance de notre Dieu, afin que ceux qui gémissent et qui pleurent soient enfin justement consolés.

» Les larmes qui coulent dans Sion seront séchées et les fronts souillés par la cendre de leurs deuils vont être couronnés; ceux qui souffrent recevront l'onction du bonheur avec l'huile sainte de la joie et leur douleur sombre sera revêtue d'un manteau brillant d'allégresse!

» Et ce sont eux qui seront appelés les puissants de la Justice et les glorieux moissonneurs de la semence d'Adonaï!

» Sachez que des étrangers viendront paître vos troupeaux et que les enfants des nations recueilleront les fruits de votre vigne. Et pour votre confusion et votre honte, un bonheur éternel sera leur partage.

» Parce que j'aime la Justice, moi, Johah Adonaï, votre Dieu, et que j'ai en horreur les holocaustes de vos rapines, je sanctifierai leurs œuvres, dans la vérité éternelle de mon alliance.

» Et leur semence sera féconde parmi les nations, et leur germe poussera au milieu de mon peuple, et ceux qui les verront les connaîtront, comme la semence bénie d'Adonaï le Seigneur.

» Joie et triomphe en Johah, notre Dieu! qui m'a vêtu de salut et ceint de Justice, comme un couple d'époux couronné pour les noces!

» Et voilà comment la terre produit la fleur du grain confié à ses sillons, et voilà comment, à la face universelle des nations, germe la justice et resplendit la gloire d'Adonaï notre Dieu!

» Car je ne me tairai pas devant Sion et ne me reposerai en Jérusalem, que, lorsque la splendeur du Juste en aura jailli comme un flambeau, lumière et bouclier des nations et des rois, sacré du nom nouveau que lui aura donné la bouche même du Seigneur Johah, notre Dieu![1] »

. . . .

Le divin Docteur ferma le livre et s'assit, après avoir rendu au prêtre le rouleau des Ecritures.

Tous ceux qui étaient là le regardaient, attentifs à ses explications. Et il parla et leur dit :

— Sachez que les temps sont accomplis et que tout ce que vous voyez de mes œuvres et entendez de ma bouche est la mise en action des paroles prophétiques que je viens de vous lire en ce livre.

Un murmure parcourut la Synagogue[2] et les assistants se dirent entre eux :

(1) Isaïe, ch, LXI et LXII. Paraphrase.

(2) Les synagogues chez les Juifs, ne ressemblaient pas à nos églises; c'étaient des salles de réunion sans caractère architectural. Elles contenaient des bancs, une tribune pour la lecture des saintes Ecritures, et une sorte d'armoire ou bibliothèque dans laquelle on les renfermait. N'importe qui pouvait faire cette lecture et commenter les textes et n'importe qui aussi pouvait faire des objections; c'est de

— Celui-ci a vraiment de la science et de la sagesse, et les paroles de ses lèvres sont un enseignement merveilleux.

Mais quelqu'un éleva la voix et dit :

— Quoi ! ne connaissons-nous pas cet homme et comment pouvons-nous le prendre pour un prophète ? Il n'est autre que le fils de Marie et du charpentier Joseph et nous savons bien d'où il vient. Les connaissances qu'il nous étale ne sont pas de lui et d'autres lui ont donné des lumières.

— Je vous entends, dit alors Jésus, et vous allez, sans doute, m'appliquer ce proverbe : « Médecin, guéris-toi toi-même! » et vous me direz : Nous avons entendu dire que tu as fait des miracles dans d'autres pays et même à Capernaüm; montre donc ton pouvoir et fais-en parmi nous! Mais je vous répondrai qu'il est écrit, au Livre des Rois, que nul prophète n'est bien reçu dans son pays. Les veuves ne manquaient pas en Israël, au temps d'Élie, quand le ciel fut fermé pendant trois ans et demi et que toute la terre fut affamée. Et, cependant, Élie ne fut envoyé vers aucune d'elles, mais chez une veuve de Sarephta, près de Sidon, pour secourir une étrangère. Est-ce que les lépreux manquaient en Israël aux jours d'Élisée? Et pourquoi le prophète, au lieu de les soulager, guérit-il Naaman le Syrien? C'est ainsi que vos discours seront confondus et que vous porterez la peine de votre propre incrédulité.

Alors ce fut un tumulte et tous les assistants, irrités de ces reproches, se précipitèrent sur Jésus, le prirent par ses

cette coutume que profita Jésus, dans le cours de sa vie apostolique, pour prêcher l'Évangile nouveau et c'est cette coutume qui explique aussi le tumulte qu'il suscita souvent contre son enseignement et lui-même dans les synagogues. Les desservants attitrés et régionaux des synagogues étaient, sous l'autorité d'un « Vieillard, » un lecteur en titre, ou *Hazzan*, un *Schammasch* ou conservateur gardien, et divers employés ou scribes qui s'occupaient des relations entre la synagogue et Jérusalem ou les autres synagogues. La synagogue, toutefois, avait sur le pays qu'elle gouvernait une véritable juridiction non seulement morale mais effective.

vêtements et, après l'avoir fait sortir de la Synagogue, le poussèrent vers un précipice.

-- Mais, déçus dans leur colère, ils n'étreignaient qu'une ombre, car Jésus avait disparu de leurs mains.[1]

. . . .

— Et vous, dit-il à André et à son compagnon, que dites-vous?

— Nous te suivons, Seigneur, répondirent les deux hommes, en s'inclinant devant lui.

. . . .

Pendant ce temps-là, Hérode Antipas envoyait des sbires au Jourdain, et Jean le baptiste, chargé de chaînes pour la cause de la vérité, était jeté, par les ordres d'un tyran débauché auquel il reprochait hautement ses crimes, dans les cachots de la forteresse de Machéronte, auprès de Jéricho.

(1) S. Luc, ch. iv, ỳ. 16 et suiv.

VII

CANA.

Quelques jours après, le Maître suivait, à pied, la route qui va de Nazareth à Cana.

Il passa au pied du Thabor et arriva bientôt en vue d'une colline verdoyante sur les flancs de laquelle s'étage encore aujourd'hui, en amphithéâtre, une charmante bourgade.[1]

Les blanches maisons s'échelonnent en grappes riantes au-dessus d'une vallée fertile où poussent en abondance les oliviers, les figuiers, les orangers, les citronniers, les grenadiers, les caroubiers. Des buissons touffus de myrtes et de rosiers entrelacés de liserons, alternent avec des jardins enfermés dans des clôtures de nopals épineux et offrent aux yeux un délicieux tableau.

Nazareth est à deux lieues à peine et la route qui sépare les deux bourgades est belle et bien tracée.

Arrivé au pied du coteau, le Maître, fatigué, s'assit auprès d'une source jaillissante et limpide où il fit des ablutions destinées à le délasser de la poussière et de la fatigue de la

---

(1) Cana porte encore de nos jours son nom évangélique et ses habitants ont gardé les mêmes mœurs qu'au temps de Notre-Seigneur Jésus-Christ.

route, au milieu des troupeaux de chèvres, de vaches et de brebis qui paissaient ou se désaltéraient, tandis que les pasteurs indolents jouaient, sur la flûte, des airs champêtres et que des femmes, vêtues de longues tuniques bleues, venaient vers la fontaine et en emportaient au village l'eau fraîche recueillie dans des amphores de terre cuite, qu'elles posaient en équilibre sur leur tête, en les soutenant de leurs bras harmonieusement arqués.

— Seigneur, dit une des femmes, voici que tu es de retour, heureusement, car Marie, inquiète de ton absence, t'attend dans sa maison; hâte-toi pour la rassurer.

— Femme, répondit le Maître, de quoi te tourmentes-tu? Ma mère sait que je dois faire une volonté qui n'est pas la mienne, va et dis-lui que « les Anges du Seigneur veillent sur les pas de celui qui marche dans ses voies; » et sois en paix.

Quand elles se furent retirées, il remit ses sandales et franchit les quelques pas qui le séparaient du bourg dans lequel il entra; bientôt il arrivait à une modeste maison dans laquelle Marie filait le lin, assise sur une natte, à la manière des femmes de la Judée.

Dès qu'elle vit paraître le divin voyageur, un sourire illumina son visage plein de beauté.

— Te voici, ô mon Fils, s'écria-t-elle, et rien de fâcheux, par la grâce du Seigneur, ne t'est arrivé en route; sois le bienvenu et apprends que tu es impatiemment attendu. Eli-ben-Issachar célèbre aujourd'hui sa noce et veut que ta présence honore son festin.

A peine avait-elle dit ces paroles que des envoyés du futur époux arrivèrent et entrèrent dans la maison.

— Maître, dirent-ils, nous savons que tu es de retour, par des femmes de notre bourg qui t'ont vu à la fontaine où tu te délassais. Viens, nous t'en prions, avec Marie et tes amis, assister au festin de la noce, car Eli-ben-Issachar ne veut rien faire sans toi.

— Allons, dit Jésus, car la gloire de mon Père peut être illustrée parmi les hommes, au moyen des plus petites choses.

Comme il sortait de la maison, un groupe d'hommes s'approcha de lui et ils le saluèrent du nom de « Maître. »

— La paix soit avec vous, mes amis, dit Jésus à ses premiers disciples,[1] au nombre desquels se trouvait Nathanael[2] qu'il aimait pour la droiture de son cœur, et Obed et Jonathan qui ne se lassaient pas de s'instruire aux paroles de ses lèvres.

Et tous se dirigèrent vers la maison ouverte au public où l'on avait coutume de célébrer les festins de noces.

Les époux étaient riches et rien n'avait été épargné pour donner de l'éclat à la fête. De la maison où le cortège se forma pour aller à la Synagogue, on passa sous des arcades de feuillage et parmi les fleurs et les verdures semées à profusion sur la route. Les invités, nombreux, étaient parés de leurs vêtements de fête et tous étaient joyeux de la joie saine des campagnes embaumées. Des jeunes gens et des jeunes filles, parés de fleurs, faisaient aux futurs époux un gracieux et innocent cortège.

Ce fut devant la Synagogue qu'eut lieu la cérémonie de l'échange de l'anneau nuptial, tandis que les pauvres attendaient les larges aumônes dont allait les doter la générosité des fiancés.

Cependant, Jésus s'en était retourné avant les autres et ce fut lui qui, au retour, reçut les jeunes époux et tous leurs

(1) Disciples et non apôtres. Jésus eut, même avant son entrée complète dans la vie publique qu'il inaugura à Cana, une grande quantité de disciples ou d'amis que charmait sa parole et que la grâce qui rayonnait en lui, attirait invinciblement. Mais les douze apôtres ne furent choisis par lui que plus tard.

(2) On croit que Nathanael n'était autre que saint Barthélemi, futur apôtre. Une petite église lui fût dédiée, depuis, à Cana. Devenue une mosquée, elle est aujourd'hui abandonnée.

invités dans la salle du festin, magnifiquement ornée de verdure et de fleurs et dont la table abondait de mets de toute espèce.

Selon l'usage juif, les femmes prirent place à des tables séparées de celles des hommes; chacun s'assit ou se coucha[1] et le repas commença.

Couché sur un lit qui dominait tous les autres, Jésus présidait le festin, se servant de chacun des incidents du repas pour le rapporter à des idées de haute sagesse et de sens profond.

. . . .

Les viandes étaient mangées et, déjà, les maîtres d'hôtel avaient rangé, en ordre, les fruits de toute sorte, les pâtisseries savamment construites, les confitures faites avec art et toutes les douceurs qui suivent et complètent un repas somptueux; chaque convive en avait pris sa part et Jésus, toujours étendu sur le lit couvert d'étoffes précieuses, continuait à parler des sujets les plus profonds, sous le voile vaporeux des paraboles, lorsqu'un léger murmure se fit entendre du côté du service.

Et, comme Jésus paraissait ne pas s'en être aperçu, Marie vint à lui et lui dit :

— Regarde, voici qu'ils n'ont plus de vin !

Jésus, alors, tout entier aux paraboles qu'il venait d'exposer, répondit :

— En quoi cela nous importe-t-il, femme? Mon heure n'est pas venue, encore !

Et, comme il souriait avec bonté après ces énigmatiques paroles que nul n'avait comprises, Marie, s'adressant aux échansons inquiets :

(1) Inutile de rappeler que, dans toute l'antiquité, les hommes se couchaient sur des sofas, pour les repas. Généralement, les femmes s'asseyaient à part, par décence et infériorité. A l'époque de Notre-Seigneur cette mode était générale en Judée, répandue, peut-être, par l'influence de la Grèce et de Rome et le relâchement des mœurs qu'elle engendrait partout où elle se faisait sentir.

— Fiez-vous entièrement à lui, leur dit-elle et faites tout ce qu'il vous dira de faire.

Jésus, alors, parût redescendre dans les réalités de la terre et s'y intéresser un instant.

— Montrez-moi ces vases, dit-il aux échansons.

Ceux-ci obéirent et lui ayant apporté les amphores de terre cuite ils les renversèrent devant lui en disant :

— Tu le vois, Rubbena,[1] elles sont vides.

Or, il y avait là deux grandes urnes de pierre, Jésus les désigna et dit aux ordonnateurs du festin :

— Allez à la fontaine, puisez-y de l'eau et remplissez-en ces urnes jusqu'au bord.

Confiants dans le conseil de Marie et dans la parole du Maître ils s'empressèrent d'obéir et, bientôt, les deux bassins de granit furent remplis d'eau limpide.

Jésus se leva alors, et, s'approchant, il prononça sur cette eau des paroles de bénédiction, puis, vint se rasseoir en disant :

— Vous pouvez puiser maintenant et porter de ce vin à l'ordonnateur du festin.

Celui-ci en remplit toutes les coupes.

Quand tous en eurent goûté, un sentiment silencieux de vénération profonde s'empara de tous les convives qui interrogèrent respectueusement, des yeux, le Maître puissant en œuvres et en paroles, pour obtenir de lui une interprétation de ces merveilles.

— Voyez, leur dit-il, quelle est la différence entre les fêtes du monde et celles du royaume de mon Père. Parmi vous, lorsque les outres sont vides et que le vin est épuisé, on est réduit à boire l'eau des fontaines, mais celui qui veut entrer dans le royaume de mon Père, qu'il le sache, doit,

_____

(1) *Rubbena* en hébreu, terme affectueusement respectueux qui signifie : O notre bon maître.

d'abord, boire l'eau de la vie, pour être digne de participer au vin généreux du ciel. Mais vous verrez encore de plus grandes merveilles.

— Quel est donc celui-ci qui change l'eau en vin? murmurèrent les prêtres de la Synagogue qui assistaient au festin. Un « Sched[1] » le possède certainement et Baal-Tzebout l'inspire, car ce sont là des prestiges merveilleux, tels qu'il ne s'en fait plus depuis les prophètes!

Mais, voyant que tous les assistants étaient pleins de respect pour le Maître, ils se retirèrent sans rien dire, de peur de s'attirer de sa part une de ces apostrophes concluantes dont il avait le secret, lorsqu'il discutait dans les Synagogues et qu'on essayait de le troubler, en lui opposant de fausses interprétations de la Loi.

---

(1) *Sched* en hébreu, démon.

VIII

En ce temps-là, le Ciel avait béni aussi, entre tous, un coin de terre, en comblant de toutes les fertilités les champs radieux où devait germer dans la foi sans limites, la semence auguste du Messie.

Qui oserait, aujourd'hui, désigner la place où s'étendait Capernaüm, près des eaux murmurantes d'une fontaine oubliée, village de quelques maisons, sans histoire et sans passé, inconnu même des géographes du temps,[1] et dont le nom seul restera éternel dans la mémoire des chrétiens?

Village de pêcheurs, sans doute, éclipsé par la gloire de Tibériade la ville romaine, bâtie en l'honneur de Tibère par Hérode Antipas, sur un des plus fertiles territoires de la Galilée, non loin des eaux thermales d'Emmaüs, au bord

---

(1) L'historien Josephe prend, dans ses ouvrages, ce nom pour celui d'une source et ne fait pas mention du village.

Notre-Seigneur Jésus-Christ lui-même avait prédit la ruine complète de cette bourgade lorsqu'il avait dit : « Et toi, Capernaüm, t'élèveras-tu toujours orgueilleuse contre le Ciel! Un jour viendra où tu seras abaissée jusqu'aux enfers! » (S. Luc, chap. x, ꝟ. 15.)

d'un lac magnifique plein de poissons, alimenté par le Jourdain et sillonné de mille barques de pêcheurs.

Quinze villes se groupaient autour du lac célèbre de Génézareth et lui faisaient une ceinture de splendeurs. Autour d'elles la terre féconde multipliait les moissons et, par ses fruits variés, donnait l'illusion de tous les climats. Les noyers, les figuiers, les oliviers, les dattiers, y développaient leurs richesses et faisaient de ce sol un perpétuel grenier d'abondance.

Calme et sereine, comme un tendre saphir dans une châsse de rochers, la mer de Génézareth dont le bassin est formé par le cratère d'un volcan, berçait les pêcheurs, nourrissait ses rivages et servait de miroir aux nuages en reflétant dans ses eaux, comme dans une vaste et claire prunelle, les brumes légères de l'espace et l'aile agile des oiseaux indigènes ou le vol majestueux des grands migrateurs.

Ce sont ces ondes que burent les lèvres célèbres de Magdala, de Dalmanutha, de Capernaüm, de Bethsaïde et de Chorazim, aujourd'hui sans sourire et flétries. Ce sont elles qui reflétèrent les traits du Fils de l'homme et ont conduit sur leur plane surface la vibration puissante de sa parole.

Alors, comme aujourd'hui, mais dans une tout autre abondance de splendeurs, la grève de rochers et de galets était belle et pure de toute vase, sans cesse caressée par le baiser tranquille et murmurant des flots, parmi les promontoires touffus de lauriers-roses, de tamaris et de câpriers aux épines acérées, dans l'harmonie des parterres fleuris de Tarichée et des gazons verdoyants de Génézareth, dans l'éblouissante splendeur des horizons que découpent les montagnes de Saphed, les cimes neigeuses de l'Hermon, les plateaux sinueux de la Gaulonitide et de la Pérée qui, au delà de Césarée de Philippe, paraissent une terrasse infinie dont les routes sans limites dévorent jusqu'aux derniers confins de l'occident.

Ce fut vers cette plage hospitalière que Jésus, laissant à l'ombre de leur incrédulité ses frères et Nazareth, vint façonner la première pierre de sa future Eglise.

La renommée de ses œuvres l'y avait précédé et, sous ses pas divins, fleurissaient les prodiges.

Les démons sortaient comme une fumée infecte de la bouche des possédés et s'enfuyaient à sa voix; les malades agonisants dans leurs lits se levaient guéris par un seul de ses regards ou l'imposition de ses mains et la foule le suivait comme un chef et un pasteur, non sans soulever les murmures des pharisiens hypocrites et des scribes perfides qui ne cherchaient qu'une occasion pour le convaincre d'imposture et de commerce avec Baal-Tzébout.

. . . .

Comme Jésus passait sur la grève frangée d'écume, il vit deux barques arrêtées au bord du lac et dont les pêcheurs étaient descendus pour laver leurs filets. Il monta dans l'une de ces barques et, s'étant assis, il répandit sa parole sur la foule attentive.

Et quand il eut fini, André qui était près de lui, lui dit :

— Maître, cette barque appartient à mon frère Simon qui est là sur le rivage et t'écoute.

Et s'adressant à Simon :

— Mon frère, voici le Seigneur, lui dit-il, sache que celui-ci est le Messie et le Christ puissant en œuvres et en paroles.

— Maître, dit alors Simon, nous sommes las d'avoir pêché sans fruit, toute la nuit.

— Venez donc en pleine mer, dit Jésus, et jetez vos filets, sur ma parole.

— Nous ferons selon votre commandement, dit Simon, en montant dans la barque qui vogua vers le large où les filets furent lancés et ramenèrent une telle quantité de poissons que les mailles en craquaient et que les embarcations pleines menaçaient de sombrer.

Alors, Simon épouvanté par la grandeur du prodige se jeta à genoux et s'écria :

— Seigneur! Seigneur! retirez-vous de moi car je suis un pêcheur indigne de votre grâce!

— Ne craignez point, lui dit Jésus, et laissez votre métier pour un emploi plus digne, car vous fûtes jusqu'ici pêcheurs de poissons et moi je vais vous faire pêcheurs d'hommes.

Et comme ils étaient descendus sur le rivage :

— Que faut-il faire, Seigneur? demanda Simon.

— Tout laisser et me suivre. Et toi, Simon, tu ne seras plus Simon mais désormais Céphas, car tu seras la pierre sur laquelle j'appuierai, pour les siècles, les fondations de la Cité nouvelle et de l'éternelle Jérusalem.

— Maître, dirent alors André et Simon, venez avec nous à Capernaüm où nous habitons et daignez loger sous le toit de notre demeure.

Ils se mirent en chemin et se dirigèrent vers le bourg à la porte duquel un publicain, nommé Levi, percevait les impôts, et Jésus, le regardant, lui dit :

— Comptable de César, suis-moi et je t'établirai intendant des trésors du Ciel.

Et, laissant là sa recette, Levi se leva et les suivit. Et tout heureux du choix dont il était l'objet, il réunit en un grand festin d'adieu tous les publicains ses amis.

Or, Jésus y assista et les Pharisiens lui reprochèrent de manger avec des gens de mauvaise vie.

— Hypocrites, leur répondit-il, sont-ce les gens bien portants qui ont besoin de médecin? sachez donc que ce sont les pécheurs qui ont besoin de pénitence et de salut.

— Tu as violé la loi de Moïse, lui crièrent-ils, lorsque tu as guéri une main sèche, le jour du sabbat, opérant ainsi un travail interdit.

— Est-il donc défendu, leur dit Jésus, de faire le bien

et de sauver la vie à quelqu'un le jour du sabbat? Vous gardez le silence? Sachez donc, sépulcres blanchis, que le sabbat du Seigneur a été fait pour l'homme et non l'homme pour le sabbat.

Et, comme le soir était venu, il se retira sur la montagne, pour y passer la nuit en prières.

IX

Le soleil se levait sur la douce mer de Génézareth, dorant de ses premiers rayons les bords délicieux de sa coupe de rochers.

Ayant prié toute la nuit et médité profondément, Jésus était redescendu à Capernaüm et, déjà, une grande foule de peuple, venue de toute la Judée, de Jérusalem, de Tyret de Sidon se tenait sur le rivage, prête à l'écouter et à implorer de lui des miracles pour la guérison du corps et la santé des âmes.

— Maître, lui dit André, voici Judas Ben-Samael du bourg de Kérioth, qui est un homme très entendu et bon administrateur d'affaires, mais il est touché de tes paroles et veut aussi être compté parmi tes disciples; si tu veux bien l'admettre, il nous suivra dans nos voyages et tiendra l'argent de la communauté.

— Maître, dit Judas, faites-moi la grâce de me compter parmi vos disciples car je vois que vous êtes le Messie, le roi futur d'Israël, notre salut et la gloire de David et de sa race.

Jésus le regarda en silence, d'un regard qui scruta le fond de son âme et Judas se dit en lui-même :

— C'est bien lui que j'ai vu naguère et à qui j'ai parlé près du cirque d'Hérode, à l'entrée de Jérusalem. Me reconnaît-il?

Mais le Maître feignit de l'accueillir comme s'il ne l'eut jamais encore vu.

— Soit, dit-il, mets-toi près de moi. Et il appela, en outre Simon qu'il avait nommé Céphas, André son frère, Jacques et Jean, Philippe et Barthélemy, puis Matthieu et Thomas, Jacques, fils d'Alphée et un autre Simon, surnommé le zélé et enfin Jude frère de Jacques.

Il leur fit signe de le suivre à l'écart de la foule qui s'assit, respectueuse, en attendant son retour.

Et il monta avec eux sur une colline, et lorsqu'ils furent arrivés dans le silence de la montagne, il leur enseigna le Mystère du Royaume des Cieux.

— Vous irez, conclut-il, et, marchant deux à deux, vous publierez la bonne nouvelle du Salut; enfants de la Lumière, la Lumière sortira de vous dans la splendeur des miracles et tout esprit de ténèbres fuira à votre approche.

« Allez sur les routes des nations, ne méprisez aucune cité, tout en préférant, pour les sauver, les brebis d'Israël qui sont loin du bercail.

» Allez! Prêchez et annoncez que le Royaume du Ciel est prochain.

» Vous guérirez les infirmes, vous ressusciterez les morts, vous purifierez les lépreux, vous chasserez les démons et vous vous souviendrez qu'ayant gratuitement reçu votre pouvoir, c'est gratuitement que vous devrez en répandre les fruits. Que vos poches soient pures d'or, d'argent ou de monnaie; vous n'aurez qu'une tunique et n'emporterez en votre route, ni besace, ni chaussures, car, quiconque est ouvrier est digne d'être sustenté par son travail lui-même.

» Entrez dans les cités et les demeures qui sont pures, saluez-en le seuil au nom de la Paix, et si la maison est digne, votre paix la sanctifiera, et si elle est indigne votre paix vous reviendra comme un bien légitime.

» Et pour quiconque vous méprisera dans vos paroles ou refusera de vous recevoir, vous sortirez de leur maison ou de leur ville, en secouant la poussière de vos pieds, et la poussière portera devant Dieu le témoignage de l'anathème.

» Car je vous le dis, en vérité, le tribunal de Dieu sera plus clément, au jour du jugement, pour Sodome et Gomorre que pour ces cités impies.

» Brebis pacifiques, je vous envoie au milieu des loups féroces. Vous aurez la prudence du serpent jointe à la simplicité de la colombe, car vous aurez à vous garer de l'hypocrisie des hommes qui vous traîneront dans les synagogues et vous tourmenteront dans les prétoires, vous traduisant devant les juges et les rois en face desquels vous me rendrez témoignage comme devant les nations.

» Et, dans ces heures de tribulation, vous ne vous mettrez pas en peine du mode de vos discours, car toute éloquence, en ce temps-là, vous sera départie d'En-Haut, et ce ne sera point vous qui parlerez, mais l'esprit même du Père qui parlera par votre bouche!

» En ce temps-là, le frère sera livré à la mort par son frère et le fils par son père, et les enfants frapperont de mort leurs propres parents.

» Haïs de tous à cause de moi, votre inébranlable foi sera votre salut. Si l'on vous traque dans une ville, vous fuirez dans une autre, car votre tâche est grande et, en vérité, je vous le dis, le Fils de l'Homme viendra avant que vous ayez épuisé vos labeurs sur les cités d'Israël. Le disciple n'est pas plus grand que son maître, qu'il lui suffise de l'imiter.

» Vous ne craindrez pas ceux qui ont appelé Baal-Tzébout leur père et sont ses esclaves, car toute ombre sera déchirée et tout secret démasqué.

» Et ce que je vous dis ici dans la solitude, vous le crierez aux foules et le publierez sur les toits. Et vous ne craindrez pas ceux qui tuent le corps et n'ont pas de pouvoir sur l'âme, mais vous craindrez Celui qui peut précipiter les deux dans les tourments de la Gehenne, car les cheveux de votre tête sont comptés.

» Celui qui m'aura reconnu devant les hommes, je le reconnaîtrai devant mon Père céleste et je renierai devant Lui celui qui m'aura renié devant le monde.

» Ce n'est point la paix mais le glaive que j'apporte à la terre et je diviserai tout ce qui peut être. divisé. Car, quiconque me préfère son père et sa mère, est indigne de moi, comme celui qui refuse de me suivre en portant sa croix. Perdre son âme pour moi, c'est la trouver.

» Allez, quiconque vous recevra me recevra et recevra Celui qui m'a envoyé; et celui qui reçoit un prophète au nom du prophète reçoit la récompense des prophètes et celui qui reçoit le juste au nom de la Justice reçoit la récompense des justes.

» Quiconque aura donné au plus petit de tous une coupe d'eau froide, fut-ce au nom d'un de mes disciples, celui-là même, en vérité, aura sa récompense ! [1]

» Allez, ô conquérants, vous êtes désormais les « Enfants du Tonnerre ! [2] »

.   .   .   .

Mais la foule impatiente s'était mise en marche pour rejoindre Jésus. Il la vit venir et, s'asseyant sur le versant de la montagne, tandis que ses nombreux disciples l'entouraient, il les désigna à son respect, en disant :

« Bienheureux sont ceux-là qui ont l'esprit de la pauvreté, parce qu'ils sont riches des trésors du Ciel.

» Bienheureux ceux qui sont doux, parce qu'ils possèderont la terre des vivants.

» Bienheureux ceux qui pleurent, parce que la douleur est la source des consolations.

(1) Ev. selon S. Matthieu.
(2) Ev. selon S. Marc, chap. III, ♱. 17.

Hors d'ici, scélérats ! il est écrit que ma maison est une maison de prière
et vous en faites une caverne de voleurs !... (P. 124.)

» Bienheureux ceux qui ont faim et soif de la Justice, parce qu'ils seront rassasiés.

» Bienheureux ceux qui sont miséricordieux, parce qu'ils n'appelleront pas en vain sur eux la miséricorde.

» Bienheureux ceux dont le cœur est pur, parce qu'ils verront leur Dieu !

» Bienheureux les pacifiques, parce qu'on les appellera les fils de Dieu.

» Bienheureux ceux qui souffrent pour la Justice, parce que le Royaume des Cieux sera leur récompense.

» Sel de la terre, enfants des prophètes, lumière du monde, soyez heureux, jusque dans les malédictions et les persécutions, parce que les mensonges et le mal de vos ennemis, à cause de moi, augmenteront, jusqu'à la plénitude, le trésor céleste de votre récompense.

» Or, sachez-le, je ne viens pas détruire la Loi et les Prophètes, mais en compléter la doctrine, car, je vous l'affirme, le Ciel et la terre auront passé avant qu'un iota soit infirmé dans la loi.[1]

» Malheur à vous, riches, vous êtes consolés! Malheur à vous, rassasiés, vous aurez faim! A vous qui êtes joyeux, parce que vous pleurerez! A vous qui êtes applaudis, parce que les applaudissements des hommes sont le signe de votre mensonge.

» Mais vous qui m'écoutez, aimez vos ennemis et faites du bien à ceux qui vous persécutent et vous haïssent. Laissez-vous dépouiller de ce qu'on vous prend et ajoutez-y ce qu'on ne vous prend pas. Traitez les autres comme vous voulez être traités vous-mêmes. Si vous n'aimez que ceux qui vous aiment, en quoi différez-vous des pécheurs? Imitez le Très-Haut qui est bon même aux ingrats et clément aux méchants. Apprenez de votre Père la loi de la miséricorde.

(1) Ev. selon S. Matthieu, chap. v.

» Vous ne jugerez pas, pour ne pas être jugés et ne condamnerez point pour ne pas être condamnés, mais vous gratifierez, afin que l'on vous gratifie.

» Donnez, pour qu'on vous donne, et sachez que vous serez traités selon votre propre mesure.

» Avant de vouloir ôter la paille de l'œil de votre frère, sachez, hypocrites, qu'une poutre est dans le vôtre.

» Tout est pur pour les purs et le bon arbre se connaît à ses bons fruits. Et si vous ne pratiquez pas mes enseignements, ce sera en vain, sachez-le, que votre bouche m'appellera : Seigneur! car vous aurez bâti sans fondement un édifice que submergeront les eaux.[1] »

. . . .

Ayant ainsi parlé, le Seigneur descendit à Capernaüm et ce fut ainsi qu'il jeta, sur la montagne, les premiers fondements inébranlables de son Eglise, dans la splendeur nouvelle de la Loi confirmée par sa bouche.

Et, ce jour-là, soixante-douze de ses disciples se répandirent dans toutes les régions de la Palestine pour annoncer l'éclatante nouvelle de l'Evangile.

(1) Ev. selon S. Luc, chap. vi. (Passim.)

DEUXIÈME PARTIE

LE FILS DE L'HOMME

—◦—

I

LE SANG DU PROPHÈTE ET LA LUMIÈRE DU CIEL

Jérusalem gardera dans l'histoire l'épithète sanglante de « *Tueuse de prophètes* » dont Jésus devait la stigmatiser un jour, et, en cela, elle n'a point différé des autres pays que l'endurcissement du cœur et l'habitude du péché public rend sourds, en tout temps, aux sains avertissements de ceux de leurs enfants, plus purs, à qui la Providence ouvre les yeux et fait voir le gouffre des catastrophes, sous les roses du plaisir.

Le caractère des prophètes, en Sion, fut toujours empreint d'une opposition ouverte et implacable aux abus des puissances établies et sommeillantes dans la routine de leurs vices.

Un abîme, en effet, séparait le caractère des prophètes, instruits, dans une école sacrée de la science réelle de Dieu et spécialement missionnés pour en rappeler l'impitoyable majesté, et les penchants grossiers d'un peuple pour qui la religion était surtout une obligation autoritaire et un ensemble de formules tyranniques incomprises.

Jean s'était dressé, ascète impitoyable, en face de son siècle corrompu, avec tous les attributs des anciens prophètes, avec leur foi ardente, leur lucidité merveilleuse, leur parole tranchante comme le glaive, écrasante comme une massue, leur liberté de langage sans frein, leur assurance impeccable, aussi Jean était-il, vraiment, le dernier descendant des prophètes, un prophète véritable appelant fatalement sur lui la destinée tragique des grands prophètes d'Israël.

S'il ne fut pas inquiété dans les premières étapes de son apostolat en Judée, c'est qu'alors il dépendait de la juridiction du procurateur romain, Pontius-Pilatus, que ce procurateur, fidèle aux ordres de l'empire, ne prenait de souci que des mouvements politiques du peuple, et que Jean n'ameutait pas le peuple pour la révolution contre Rome, mais lui prêchait seulement un enseignement purement mystique que les romains mettaient sur le compte de l'exaltation et même de la folie religieuse.

Du reste, Jean le baptiste n'attaquait pas la personne de Pontius-Pilatus ni sa manière de vivre, dans ses discours, et ne suscitait point de sa part une rancune personnelle susceptible de s'abriter derrière des pouvoirs légaux pour se satisfaire.

Tout autre fut la situation du saint Précurseur, lorsqu'abandonnant la Judée, il vint exercer son apostolat en Pérée, au delà du Jourdain, sur un territoire soumis directement à l'autorité d'Hérodius-Antipas, qui, par sa naissance, son éducation, son caractère, était tout différent de Pontius-Pilatus.

Dans cette famille tragique, le meurtre était un jeu et le sang ne coûtait rien, pour quelque raison qu'il fût répandu.

Comme il arrive souvent, quand l'esprit de Satan règne quelque part, le vice et la cruauté y allaient de compagnie et l'histoire a conservé pour l'anathème et le mépris des siècles le nom d'Hérodiàde, la plus infâme figure de cette dynastie cruelle et dissolue.

Petite fille d'Hérode-le-Grand, déshéritée par lui de la plupart des privilèges princiers qui devaient lui échoir, d'un caractère violent, d'une ambition démesurée, d'un orgueil sans limites, elle rêvait de régner et voulait arriver au trône à tout prix.

Epouse d'Hérodius-Antipas, Hérodiade haïssait les juifs et cherchait une occasion de se venger d'eux et de leurs reproches incessants, motivés par sa conduite impie et scandaleuse; elle persuada facilement à Antipas que Jean le baptiste qui, d'ailleurs, s'était fait l'écho de l'animadversion publique, en blâmant hautement son mariage, était un séditieux qui suscitait des révoltes dans la nation et conduirait, un jour, le peuple à des excès contre lui. Elle sollicita donc de lui qu'on l'arrêtât.

Antipas, plus faible que méchant, obtempéra à son désir pour éviter un éclat et fit enfermer le baptiste dans la forteresse de Machéro, redoutable château bâti par Alexandre Jannée et restauré par Hérode, à l'orient de la mer Morte, dans un pays sauvage plein de légendes ténébreuses et de terreurs sombres.

Toutefois, comme le tyran était lâche et qu'il tenait à ménager tout le monde pour sauvegarder sa sécurité, il craignit que le peuple se soulevât et se portât en masse à la délivrance de son prophète, et il laissa à Jean une liberté relative, s'entretenant parfois avec lui et lui permettant de voir les principaux de ses disciples et de converser avec eux.

Une chose, en effet, intéressait profondément Hérodius-Antipas, c'était la foi inébranlable de Jean à la venue prochaine du Messie dont le baptiste avait reconnu les caractères en la personne de Jésus, des agissements et des prédications duquel il s'inquiétait sans cesse.

Partageant, jusqu'à un certain, point l'espérance générale,

quoique intimement convaincu, par la révélation même du Saint-Esprit, que Jésus était le Christ, l'Agneau de Dieu effaçant les péchés du monde, Jean n'était pas éloigné, toutefois, de désirer ardemment que des triomphes temporels rehaussâssent l'éclat de son règne prophétique et que le Rédempteur d'Israël, en ramenant à Dieu son peuple choisi, rendit au trône de David l'éclat victorieux des grands jours.

La parole des prophètes concernant le Messie, pouvait en effet, sur certains points, être interprétée au profit du royaume temporel de Juda et si Jean le baptiste, comme Jérémie, prêchait les catastrophes futures et, comme Josué, avant le passage du Jourdain, la pénitence du peuple, il entrevoyait dans le lointain la miséricorde de Jéhovah se répandant de nouveau en splendeurs de miséricorde sur Sion et il percevait, dans son ardente espérance, le bruit futur des écroulements de la Jéricho de l'oppression étrangère sous l'éclat des trompettes triomphantes des soldats du Fils de l'Homme, à la fois Fils éternel de Dieu et roi glorieux d'Israël.

Verrait-il ce triomphe éclatant et superbe? Aurait-il le bonheur de contempler la gloire du nouveau Salomon? Par quels moyens, à la fois providentiels et temporels, le Messie allait-il marcher à ce sublime triomphe qui étonnerait toutes les nations de la terre?

Grande était sa foi mais, grande aussi était son impatience d'être fixé sur ce point et consolé dans sa prison, en acquérant la certitude que le Christ continuait son œuvre commencée par la semence féconde qu'il avait, avant lui, en prêchant la nécessité de la pénitence, répandue dans le cœur ulcéré du peuple.

Il s'enquit donc auprès de ses disciples qui le visitaient dans la forteresse, de ce qui se passait au dehors, sous l'influence de Jésus.

— Maître, lui répondirent-ils, nous ne l'avons pas vu

encore de nos yeux, mais le bruit public nous a appris que le Messie prédit par les prophètes et qui doit rétablir le royaume d'Israël, est en Galilée et opère des œuvres merveilleuses.

— Allez le trouver de ma part, leur dit-il, et, dès que vous l'aurez rencontré, demandez-lui des détails complets sur sa mission.

Ils se mirent donc en route et vinrent à Capernaüm où ils trouvèrent Jésus au comble de sa réputation, au milieu des foules enthousiasmées sur lesquelles il répandait l'enseignement de sa parole et les miracles de son amour.

Mais, en arrivant près de lui, ces ascètes furent surpris de le voir se mêlant avec bonté à toutes les fêtes du pays, prenant place à toutes les agapes, vivant de la vie de tous, mangeant et buvant ce qu'on lui offrait et n'affichant, à l'encontre de Jean, rien d'extraordinaire dans son extérieur et ses mœurs.

Ils s'approchèrent de lui et Jésus devina qu'ils étaient dans le doute et presque scandalisés.

— Que voulez-vous? leur demanda-t-il.

— Maître, dirent alors les envoyés du baptiste, nous sommes missionnés vers toi par Jean et nous venons savoir de ta propre bouche si tu es vraiment Celui qui doit venir ou si nous devons en attendre un autre?

— Retournez auprès de Jean, leur dit Jésus, et annoncez-lui la nouvelle de ce que vous avez vu et entendu.

Et, étendant les mains vers les foules miraculées à sa voix :

— Regardez : dit-il; les aveugles voient, les boîteux marchent, les lépreux sont guéris, les sourds entendent, les morts ressuscitent, et la Bonne Nouvelle est répandue dans le cœur des malheureux et des pauvres! Sachez, en outre, qu'heureux est celui pour lequel le Fils de l'Homme n'est pas une pierre de scandale.[1]

(1) Ev. S. Matthieu, chap. xɪ, ỳ. 3-7.

Ils s'inclinèrent et partirent rendre compte de leur mission au baptiste.

Et comme ils s'en allaient, Jésus dit à la foule, en parlant, de Jean :

— Pourquoi donc avez-vous couru en foule au désert? Etait-ce pour y voir un roseau battu par la tempête? Certes, vous n'espériez pas y rencontrer un homme vêtu de volupté, car vous savez bien que ceux-là ne fréquentent que les palais des rois. Ah! vous avez été voir un prophète, n'est-ce pas? Eh bien! moi je vous le dis, vous avez vu bien plus qu'un prophète, car c'est celui que vous avez vu de qui il a été écrit : « J'enverrai devant toi un éclaireur angélique pour préparer les chemins! » En vérité, il n'est pas né jusqu'ici d'enfant plus grand, parmi les hommes, que Jean le baptiste et, pourtant, le plus petit dans le Royaume de Dieu est plus grand que lui. Le Royaume des Cieux souffre violence et, les triomphants le prennent d'assaut, sachez-le.

« Vos prophètes et la loi vous ont dit que si vous vouliez le recevoir, Elie même reviendrait parmi vous. Et il est revenu en lui. Que vos oreilles s'ouvrent pour entendre, ô génération d'enfants, qui tournez étourdîment au vent des rires ou des larmes, les prenant pour une loi de réjouissance ou un commandement de deuil capricieux ; Jean est venu, jeûnant de boire et de manger, et l'on a dit : Le démon le possède ; le Fils de l'Homme est venu, mangeant et, buvant et l'on a dit : C'est un gourmand et un buveur de vin qui se réjouit avec les publicains et les pécheurs ; mais les enfants de la Sagesse ont compris le sens de la Justice, dans leur double façon d'agir.

» Malheur donc à ces cités dans lesquelles il a été fait des miracles et qui n'ont pas compris la nécessité de la pénitence! Malheur à vous, Chorazim et Bethsaïda! Tyr et Sidon eussent pleuré leurs péchés sous le cilice et sous la cendre si, jadis, elles eussent été témoins des merveilles qui se sont déroulées sous vos yeux! Et toi, Capernaüm, orgueilleuse comme la nue, tu descendras jusqu'aux abîmes; car, si Sodome avait vu les miracles opérés en ta faveur, la Pentapole existerait encore, et, au jour du jugement, ses villes seront traitées mieux que toi.[1]

. . . .

Et, levant les yeux au ciel :

— Ce sont là, dit-il, ô mon Père, les mystères du ciel et de la terre, que vous avez cachés à ceux qui se vantent de prudence et de sagesse, pour les révéler aux humbles. Je vous rends grâces de ce que cela vous a plu ainsi!

— Sachez-le, reprit Jésus, ces choses universelles m'ont été révélées par mon Père; nul ne connaît le Fils sinon le Père, ni le Père sinon le Fils et celui à qui le Fils aura voulu le révéler. O vous que le labeur accable, vous qui pliez sous le poids de votre fardeau, venez à moi, je vous délasserai! Vous prendrez mon joug qui est doux, votre fardeau sera léger et j'ouvrirai à votre âme les lieux de son repos; apprenez que la douceur et l'humilité sont les chemins qui mènent à moi![2]

. . . .

Et, pendant ce temps-là, les messagers de Jean retournaient vers lui, pour lui rapporter ce qu'ils avaient vu et entendu.

Mais un événement imprévu venait de se produire.

Profitant de la liberté qu'Antipas laissait au Baptiste, de lui exposer sa doctrine dans des entretiens particuliers, le saint Précurseur avait entrepris d'amener le tyran à se repentir de la vie scandaleuse qu'il menait avec Hérodiade et à renvoyer loin de lui la princesse corrompue, qui entre-

(1) S. Matthieu, chap. xi, ÿ. 7-23.
(2) S. Matthieu, chap. xi, ÿ. 25-30.

tenait le scandale dans sa maison par ses mœurs déréglées.

Hérodiade l'avait appris et juré d'en tirer, à la première occasion, une vengeance atroce et éclatante.

Or, elle avait une fille remplie, comme sa mère, d'ambition et de vices. Elle lui confia sa haine contre Jean et la persuada de la servir dans son ressentiment.

Un grand festin avait été préparé dans la forteresse, en l'honneur de l'anniversaire de la naissance d'Hérode Antipas, qui venait fréquemment à Machero où il s'était fait aménager une luxueuse résidence.

Quand les vins eurent échauffé les têtes, Hérodiade insinua à Antipas le désir de faire danser Salomé. Celle-ci y consentit et exécuta, devant la table, une de ces danses communes en Orient, dont le tyran aimait à voir se dérouler devant lui les pas cadencés.

Quand la princesse eut fini, il lui déclara qu'en récompense de sa bonne volonté et de son talent, il lui accorderait immédiatement ce qu'elle lui demanderait.

Alors Salomé, prenant sur la table un large plateau chargé tout à l'heure de fruits et de sucreries :

— Je veux, dit-elle, la tête de Jean, sur ce plat!

Un violent regret mordit au cœur le lâche Antipas, mais il n'osa refuser et donna à un garde l'ordre d'obéir au vœu exprimé par la danseuse.

Quelques instants après, le soldat reparut portant, sur le plateau, la tête sanglante et pâle du Baptiste.

A sa vue, Antipas pâlit, mais Hérodiade prit une épingle d'or dans sa chevelure et perça la langue du Précurseur, en haine de la parole qui, tant de fois, était sortie de sa bouche pour lancer l'anathème sur son infamie.

Les yeux fermés du Baptiste s'ouvrirent alors, et, dans un muet et terrible reproche, attachèrent sur ceux d'Hérodiade un dernier regard gros de condamnation et de remords.

Les disciples de Jean réclamèrent son corps pour l'ense-
velir, et l'obtinrent.

Quand ces événements furent accomplis, le Maître, accompagné de ses disciples, quittait les contrées du Jourdain pour se diriger vers les environs de Nazareth, en passant par les villages de Césarée de Philippe.

Et, chemin faisant, il s'entretenait avec eux sur ce que le monde pensait de sa mission, et il leur disait :

— Qui dit-on que je suis?

— Maître, lui répondirent-ils, les uns disent que vous êtes Jean-Baptiste, d'autres disent que vous êtes Elie, d'autres affirment que vous êtes un des anciens prophètes ressuscité.

— Et vous, leur demanda-t-il, que dites-vous que je suis?

Pierre, alors, prenant la parole au nom de tous, lui dit aussitôt :

— Maître, vous êtes le Christ et le Messie.

Mais il leur défendit de parler de ces choses à qui que ce fût, afin de ménager la faiblesse de ceux qui auraient eu peine à soutenir le scandale de sa mort, avant le grand triomphe de sa résurrection.

— Je vous déclare, leur dit-il, qu'il faut que le Fils de l'Homme souffre beaucoup, qu'il soit méprisé par les sénateurs, les princes des prêtres et les scribes, pour être mis à mort et ressusciter après trois jours.

Il parlait clairement et avec une parfaite assurance de ce qu'il leur disait.

Alors, Pierre, scandalisé de voir tant de souffrances destinées au Fils de Dieu, le prit à part et lui dit :

— Maître, je ne puis accepter de pareilles prédictions, sans vous supplier de considérer combien nous souffrons tous de vous voir désirer tant de tourments si peu en rapport avec vôtre divinité ; laissez-nous espérer que vous n'aurez garde de vous y livrer.

Mais Jésus, se retournant et regardant ses disciples, reprit Pierre durement sur la faiblesse de sa foi.

— Retirez-vous de moi, Satan, dit-il sévèrement, car vous n'avez point l'intelligence des choses de Dieu, puisque vous préférez la conservation d'une vie mortelle à l'accomplissement de la Volonté Divine.

Et, s'adressant, alors, à tous ceux qui étaient là, avec ses disciples, il se mit à les instruire du détachement où ils devaient être de toutes choses de la terre et de leur vie elle-même.

— Sachez, leur dit-il, que si quelqu'un veut venir après moi et participer à ma gloire, il doit se renoncer soi-même, porter sa croix et me suivre en souffrant et mourant avec moi; c'est l'unique moyen de trouver la vraie vie et le véritable salut; car celui qui voudra se sauver dans le temps, se perdra pour l'éternité et, au contraire, celui qui se perdra dans le temps pour l'amour de moi et de mon évangile se sauvera éternellement. N'est-ce pas une folie d'abandonner la foi pour sauver sa vie ou pour acquérir des biens? Que sert à l'homme de gagner le monde entier pour un moment, s'il vient à se perdre pour toujours? Et, s'étant une fois perdu, par quel échange pourra-t-il se racheter? Rien ne sera capable de le délivrer, car, si quelqu'un rougit de moi et de ma parole parmi cette nation corrompue, le Fils de l'Homme, qui peut, seul, le sauver, rougira aussi de lui, lorsqu'il viendra, accompagné de ses saints anges, dans la gloire de son Père, pour rendre à chacun selon ses œuvres.

Et il ajouta :

— Je vous dis, en vérité, qu'il y en a, parmi ceux qui sont ici, quelques-uns qui ne mourront point, qu'ils n'aient vu arriver le règne de Dieu, en voyant le Fils de l'Homme paraître dans la gloire et dans la puissance qui lui appartiennent comme Fils de Dieu.

Quelques jours après, la petite troupe arriva auprès d'une montagne célèbre dans l'histoire de la Judée.

Le Thabor! magnifique bouquet de verdure qui s'élève vers le ciel, montagne aux pentes douces couvertes d'une luxuriante végétation portant un large plateau boisé, tandis que ses flancs ombreux donnent naissance à plusieurs sources, serpentant le long des collines nombreuses qui en forment les pittoresques gradins.

Alors, laissant à l'écart la foule de ceux qui l'accompagnaient, il prit seulement avec lui Pierre, Jacques et Jean, et, ensemble, ils gravirent les sentiers de la montagne.

Quand ils furent arrivés sur le plateau, Jésus se mit à prier et, soudain, il fut transfiguré à leurs yeux. Ses habits devinrent brillants de lumière et blancs comme de la neige, en sorte qu'il n'y a pas de foulon sur la terre qui puisse en faire d'aussi blancs.

En même temps, ils virent paraître Elie et Moïse qui s'entretenaient avec Jésus.

Pierre, transporté de ravissement à la vue de cette merveille, prit la parole et dit à Jésus :

— Maître, nous sommes bien ici! Faisons-y trois tentes, une pour vous, une pour Moïse et une pour Elie.

Car il ne savait ce qu'il disait, ils étaient effrayés de toute cette gloire.

Alors, une nuée les couvrit et il sortit de cette nuée une voix qui fit entendre ces paroles du Père :

— Celui-ci est mon Fils bien-aimé; écoutez-le!

Ils regardèrent de tous côtés, mais ils ne virent plus personne que Jésus, qui était demeuré, seul, avec eux.

Ils descendirent donc de la montagne et, chemin faisant, Jésus leur dit :

— Gardez-vous de parler à qui que ce soit de ce que vous avez vu, avant que le Fils de l'Homme soit ressuscité d'entre les morts et que sa résurrection ait disposé les hommes à croire à sa divinité qui vient d'éclater dans le miracle de sa transfiguration.

Ils promirent le silence, mais ils se demandaient entre eux ce que signifiait ces mots : « Jusqu'à ce que le Fils de l'Homme soit ressuscité d'entre les morts, » ne comprenant point encore qu'il dût mourir; et ils lui demandèrent :

— Maître, pourquoi donc les pharisiens et les scribes disent-ils qu'il faut qu'Elie vienne avant le règne du Messie, et si Elie doit venir, pourquoi s'est-il retiré si promptement?

— Il est vrai, leur répondit Jésus, qu'Elie viendra auparavant et qu'alors il rétablira toutes choses, mais il en sera de lui comme du Fils de l'Homme dont il est écrit qu'il doit souffrir beaucoup et être traité avec mépris; mais je vous dis aussi qu'Elie est déjà venu et qu'ils l'ont traité comme il leur a plu, selon ce qu'il avait été écrit de lui.

Et c'était de Jean-Baptiste qu'il parlait, parce qu'il était venu dans l'esprit et la vertu d'Elie et qu'Hérode l'avait fait mourir.

Cependant, les autres disciples l'attendaient, au milieu d'une grande foule, parmi laquelle des scribes disputaient contre eux.

Dès qu'il parut, la majesté de sa personne remplit la foule d'étonnement et de crainte et tous l'acclamèrent avec respect.

— De quoi disputiez-vous donc? leur demanda Jésus, et sur quel sujet?

— Maître, dit un des assistants, voici mon fils que je vous ai amené, il est possédé d'un esprit malin qui le rend muet et qui, partout où il le peut, le jette à terre et le fait écumer, grincer des dents et dessécher. J'ai prié vos disciples de le chasser, mais ils ne l'ont pu.

Jésus comprit que cette impuissance venait du peu de foi de ses disciples et de l'incrédulité complète de ceux qui les entouraient.

— O race incrédule! s'écria-t-il alors, jusqu'à quand

serai-je avec vous et vous souffrirai-je! Amenez-moi cet enfant.

Ils le lui amenèrent et, dès qu'il eut aperçu Jésus, l'esprit malin commença à l'agiter et, l'ayant jeté contre terre, il se roulait en écumant.

Jésus, alors, voulant faire sentir la grandeur du miracle qu'il allait opérer, demanda au père de l'enfant :

— Combien y a-t-il de temps que cela lui arrive?

— Dès son enfance, Maître, dit le père, et le démon l'a souvent jeté, tantôt dans l'eau pour le faire périr, tantôt dans le feu; mais si vous y pouvez quelque chose, ayez pitié de nous et secourez-nous!

— Si vous pouvez croire, leur dit Jésus, tout est possible à celui qui croit.

Aussitôt, le père de l'enfant s'écria, tout en larmes :

— Je crois! Seigneur, mais aidez-moi dans ma faiblesse et suppléez par votre bonté à ce qui me manque de foi!

Et, comme la foule se pressait, avide d'être témoin du miracle, Jésus parla avec autorité et menace à l'esprit impur, et lui dit :

— Esprit sourd et muet, sors de cet enfant et n'y rentre plus, je te le commande!

Alors, cet esprit, jetant de grands cris et agitant l'enfant avec beaucoup de violence, sortit; et l'enfant demeura comme mort, de sorte que plusieurs disaient :

— Voici maintenant que cet enfant est mort!

Mais Jésus le prit par la main et le souleva. L'enfant, alors, se dressa sur ses pieds, parfaitement guéri.

Et Jésus le rendit à son père.

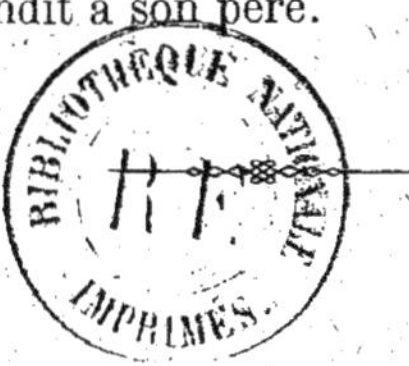

II

VERS SION.

Jésus savait bien que Jérusalem, seule, était désignée pour
donner à sa mission la sanction suprême de l'acte accompli.

Ses parents, incrédules, ne cessaient de le lui répéter et
lui disaient, moitié graves, moitié railleurs :

— Pourquoi restes-tu en Galilée, tu n'arriveras à rien de
sérieux si tu ne vas pas en Judée; vas-y donc afin que tes
disciples de ce pays voient aussi les œuvres que tu fais; car
personne n'agit en secret, quand il veut être célèbre; puisque
tu opères ces œuvres, fais-toi connaître au monde.[1]

Jésus, alors, leur répondit sévèrement :

— De quoi vous occupez-vous? sachez que le temps de
mes œuvres n'est pas encore venu. Mais vous, qui me parlez
ainsi, sachez bien aussi que, pour vous, le temps de croire est
présentement entre vos mains. Le monde ne peut avoir
contre vous de sujet de haine, puisque vous marchez avec
lui, mais, pour moi, il me hait parce que je porte contre ses
œuvres un témoignage de réprobation.[2]

(1) Ev. selon S. Jean, chap. VIII, ɣ. 3-4.
(2) *Ibid.*, ɣ. 7-8.

Aussi, n'avait-il jamais négligé d'aller en secret, lorsqu'il l'avait crû opportun, visiter la ville de Sion sans, toutefois, s'y faire connaître pour ce qu'il était, voulant laisser s'accomplir pleinement le temps de son œuvre et mûrir le fruit divin de son apostolat.

Comme un général d'armée reconnaît le terrain de la lutte et les positions de l'ennemi, avant de livrer l'action décisive, il était venu, bien des fois, sonder le cœur mauvais de la ville meurtrière et il en avait vu toutes les ténèbres et toutes les mauvaises volontés.

Aussi, répétait-il souvent à ceux qui lui exprimaient la crainte de voir sa vie courir des dangers en Galilée ou ailleurs :

— Allons ! ne savez-vous donc pas que la destinée des prophètes d'Israël est de mourir à Jérusalem et non ailleurs ! Soyez donc sans crainte jusqu'à ce que le jour soit venu.

Ce n'était pas que, déjà, il n'y fût pas connu de quelques-uns, car ses premiers disciples y avaient apporté la renommée de ses œuvres, publiant partout que le Christ était en Galilée et opérait des miracles ; quelques personnes du peuple le connaissaient aussi, pour l'avoir déjà vu et entendu enseigner dans le Temple, et les scribes et les pharisiens qu'il avait maintes fois confondus dans leur orgueil de savants de la lettre, au mépris de l'esprit, avaient conçu contre lui une haine sourde et tenace, encore accrue de ce chef que Jésus était Galiléen et que la Galilée, dans l'esprit des citadins de Jérusalem, était la plus méprisable des provinces, à telles enseignes qu'il était passé en proverbe de dire : « Que rien de bon ne pouvait venir de Nazareth. »

Or, tout le monde savait que la famille de Jésus et Jésus lui-même étaient de Nazareth et l'on ignorait ou l'on affectait d'ignorer que, pour l'accomplissement intégral des prophéties, si Jésus, fils de Marie et de Joseph, était de Nazareth, le Christ, Fils de Dieu, était de Bethléem, en Juda.

La différence entre la vie simple et pure de la Galilée et

l'existence raffinée et sceptique de Jérusalem, était comparable à celle qui existe de nos jours, entre celles d'une luxueuse capitale et d'une province perdue dans les montagnes ou dans les bois.

Sous le ciel de la Galilée, la foi ardente des simples de cœur s'épanouissait au soleil, comme une fleur embaumée des vallons tranquilles; à Jérusalem, au contraire, la foi n'était qu'une cristallisation de la Loi dans des cœurs intéressés à la faire servir à leur prospérité hypocrite et à l'oppression des faibles.

Et quel contraste entre les terres fertiles de la Galilée et l'affreuse aridité qui environnait la ville de Sion!

Quel masque étrange et hétéroclite de judaïsme et de paganisme sur la figure de la cité antique toute modernisée par Jean Hyrcan et Hérode-le-Grand, qui l'avaient, contre toutes les coutumes du peuple juif, fardée de toutes les couleurs païennes du luxe oriental!

Le Temple lui-même, à peine achevé et paraissant, dans son orgueil de marbre, devoir défier, désormais, le verbe des prophètes et le remous des siècles, ne semblait-il pas montrer que, plus que jamais, Jérusalem serait la ville ingrate au Seigneur et la contemptrice de la parole du Ciel?

Y avait-il quelqu'espérance de toucher le cœur d'un sacerdoce dégénéré et de pouvoir en appeler au jugement des Souverains Pontifes, devenus des fonctionnaires de l'Empire romain, créatures viles du gouvernement de César, qui en faisait, en quelque sorte, des usurpateurs légaux sans caractère sacré, des satisfaits dans la richesse et dans les honneurs, de véritables gardiens des scellés mis sur l'Arche d'Alliance et ses mystères par les tyrans du monde!

Pour prêcher la vérité de Dieu, avec la liberté d'un prophète et la majesté d'un Messie, dans un tel milieu, sans autre espérance d'être écouté, que la douleur du peuple et la souffrance des pauvres, il fallait être un homme dénué de toute prudence et de toute sagesse, un prophète armé du glaive de Jéhovah et prêt à tous les sacrifices ou un Dieu que ne peut atteindre l'iniquité des hommes.

. . . .

Jésus était un Dieu, et Jésus savait d'avance ce que Jérusalem réservait à Dieu !

. . . .

Comme la fête des Tabernacles était vers son milieu, le divin Maître parut au temple et se mit à enseigner devant la foule qui se pressait dans les parvis, étonnée de l'entendre répandre tant de sagesse.

— Si quelqu'un, disait-il, veut faire la volonté de Dieu, il reconnaîtra que ma doctrine n'est pas de moi mais de Celui qui m'a envoyé, dont je suis né et que je connais. Ne jugez pas selon les apparences, mais selon la Justice. Vous qui voulez me faire mourir, parce que j'ai guéri, le jour du Sabbat; vous avez reçu la Loi de Moïse mais vous n'accomplissez pas la Loi, car, si un homme peut être circoncis le jour du Sabbat, sans que la Loi soit violée, vous ne devez pas vous irriter de ce que j'ai guéri le corps entier d'un homme, en ce même jour.

« Aveugles insensés ! si vous connaissiez le Père, vous me connaîtriez, et si vous me connaissiez, vous connaîtriez mon Père; mais, parce que vous ne croyez pas que je suis de mon Père, vous mourrez dans votre péché. »

— Mais qui donc es-tu, alors ? lui demandèrent-ils.

— Je suis, moi qui vous parle, le Principe de toutes choses, et votre condamnation, car je suis l'envoyé de l'Eternelle Vérité que je manifeste au monde par mon Père qui est en moi et dont je fais les œuvres. Et vous, qui vous dites enfants d'Abraham, faites-vous les œuvres d'Abraham ? Non, puisque vous voulez me faire mourir, en haine de la Vérité que je vous prêche.

— Abraham fut notre père, répondirent les pharisiens, et, par lui, nous sommes les Enfants de Dieu.

— Si Dieu était votre Père, leur dit Jésus, vous m'aimeriez, moi qui suis issu de Dieu et envoyé de Lui. Et, cependant, vous ne connaissez pas le sens de mon langage. C'est parce que vous ne pouvez pas l'entendre, et vous ne pouvez pas l'entendre, parce que vous êtes les enfants du diable qui accomplit par vous ses œuvres ténébreuses. Homicides que vous êtes, fils du père du mensonge qui fut le premier homicide, qui de vous osera me convaincre de péché?[1]

— Maître, lui dirent alors les pharisiens, quand donc viendra le Royaume de Dieu?

— Le Royaume de Dieu, leur répondit le Messie, ne viendra pas avec éclat, sachez-le. On ne dira jamais : le Royaume de Dieu est ici où il est là-bas, car, dès à présent, le Royaume de Dieu est au milieu de vous, si vous croyez.

« Et vous, dit-il à ses disciples, jusqu'à ce que le Fils de l'Homme paraisse, ne croyez point ceux qui vous diront qu'il est en tel lieu ou en tel autre, car, au jour de son avènement, il brillera comme un éclair qui embrase, à la fois, tous les confins du ciel ; la prévoyance humaine ne servira de rien, en ce jour, car un choix sera fait dans la division des êtres les plus unis, dont les uns seront pris et les autres rejetés, en dehors de toute prévision. »

— Comment donc se fera ce discernement, Seigneur? demandèrent alors les disciples.

— En quelque lieu que soit le corps glorieux du Fils de l'Homme, répondit Jésus, il y rassemblera les aigles.

Alors, un docteur de la loi, prenant la parole, lui dit :

— Maître, que dois-je faire pour posséder la vie éternelle?

— Lisez la Loi, répondit Jésus, et vous y verrez ceci : « Vous aimerez le Seigneur votre Dieu de tout votre cœur, de toute votre âme, de toutes vos forces et de tout votre esprit et votre prochain à l'égal de vous-même. » Faites cela

(1) Ev. selon S. Jean, chap. VIII, (Passim.)

et vous vivrez, car voilà, en vérité, toute la substance de la Loi et des Prophètes.

Et il raconta la parabole touchante du Samaritain.

Puis il se mit à se promener, comme ayant achevé son discours, parmi les galeries du portique de Salomon. Mais, bientôt, des juifs l'entourèrent et le pressèrent d'une nouvelle question :

— Jusques à quand, lui dirent-ils, nous tiendras-tu l'esprit en suspens? Si tu es le Christ, dis-le nous clairement.

— Les œuvres que je fais au nom de mon Père, leur dit Jésus, ne me rendent-elles pas suffisamment témoignage?, Je vous parle et vous ne croyez pas. Vous n'êtes pas de mon troupeau, car mes brebis me connaissent et je leur donne la Vie Éternelle. Mon Père m'a donné un Royaume qui est plus grand que toutes choses et mon Père et moi nous ne sommes qu'un!

Alors ils prirent des pierres et voulurent le lapider. Mais Jésus leur dit, leur reprochant leur aveuglement et leur ingratitude :

— J'ai fait devant vous beaucoup de bonnes œuvres par la puissance de mon Père; pour laquelle de ces bonnes œuvres me lapidez-vous?

— C'est parce que tu blasphèmes, lui répondirent-ils, toi qui n'es qu'un homme et qui veux te faire Dieu!

— Insensés! leur dit Jésus, n'est-il pas écrit dans votre Loi : « J'ai dit que vous êtes des dieux? » Si donc, votre Loi appelle ainsi ceux qui reçoivent la parole de Dieu, et si la Loi est indestructible, pourquoi m'accusez-vous de blasphème, moi qui vous dis que je suis le Fils de Dieu, parce que mon Père m'a sanctifié et envoyé dans le monde. Si je ne fais pas les œuvres de mon Père, ne me croyez pas, mais si je les fais, croyez, au moins, à mes œuvres et vous croirez forcément en mon Père et en moi, car nous ne faisons qu'un.[1]

(1) Ev. selon S. Jean, chap. x. (Passim.)

Mais Jésus fut obligé de s'enfuir d'entre leurs mains et de sortir du temple.

Beaucoup, néanmoins, crurent en lui, frappés par la splendeur de la grâce qui ouvrait leurs yeux à la lumière ; et transportés d'étonnement et de respect à la vue de ses miracles, ils se disaient entre eux :

— Jean le Baptiste n'a pas fait de miracles. Si le Christ venait, en ferait-il plus que celui-ci ?

Et l'un disait :

— Il calme les tempêtes d'un seul geste de sa main !

Les autres :

— Il chasse les démons !

— Il guérit les paralytiques !

— Il ressuscite les morts !

— Il ouvre les yeux des aveugles ! Il nourrit des multitudes avec quelques morceaux de pain et quelques poissons !

— Ceux qui croient en lui font les mêmes miracles et ses disciples étonnent le monde par les merveilles qu'ils opèrent à son exemple. Il doit être le Messie.

— Il est certainement le Christ, il a fait entendre les sourds et parler les muets !

. . . .

III

En sortant de Jérusalem, Jésus se dirigea vers la Galilée pour fuir les Juifs, passant, sans s'y arrêter, à côté du petit village de Béthanie, dans une maison duquel il avait des amis et aimait souvent à se reposer.

C'était, en effet, son habitude, lorsqu'il s'était dépensé en œuvres et en paroles dans le temple et dans la ville, d'aller chercher un peu de paix, de solitude et de méditation, dans un endroit qui servait de promenade aux juifs de Jérusalem et qui se nommait Gethsémani; jardin ou verger en culture, plein de paix et d'ombrage. Il passait aussi, souvent, la nuit, sur la montagne des oliviers, située au nord-est de la cité et contrastant, par sa verdure, avec les autres environs de la ville, arides et désolés.

Les oliviers y croissaient abondamment avec les dattiers et les figuiers et y ombrageaient des groupes de fermes ou de villas comme Bethphagé, non loin de quelques cèdres ombreux, sous lesquels des marchands vendaient des fruits divers.

Le petit village de Béthanie occupait un sommet de la montagne, en face de la mer morte et du Jourdain, et Jésus aimait à venir s'y délasser en compagnie de Marthe, de Marie et de Lazare, frère et sœurs vivant en bonne intelligence avec Simon, surnommé le lépreux, propriétaire de la villa et de ses dépendances.

Or, Marthe et Marie le sachant à proximité, lui avaient envoyé des exprès pour lui dire que leur frère Lazare était malade, et le prier de venir le guérir. Mais Jésus était déjà à deux journées de marche.

— Celui que vous aimez, Seigneur, lui dirent-ils, est malade.

— Cette maladie, répondit Jésus, ne va pas jusqu'à la mort, mais elle doit servir à la glorification du Fils de Dieu.

Or, Jésus aimait Marthe qui s'empressait toujours en soins affectueux autour de sa personne quand il venait dans sa demeure, et Marie qui devait, plus tard, répandre sur ses pieds divins, pendant le repas, une huile de parfum dont elle briserait le vase d'albâtre, au grand mécontentement de Judas de Kérioth, qui regrettait toujours l'argent prodigué comme une perte inutile.

Et il dit à ses disciples :

— Notre ami Lazare est malade, mais maintenant il s'est endormi, et je vais aller le réveiller.

— Maître, lui répondirent-ils, s'il dort, il sera guéri.

Car ils ne pensaient pas que le Seigneur eut voulu dire que Lazare dormait autrement que d'un sommeil naturel et qu'il fut mort.

Alors, Jésus leur dit clairement :

— Lazare est mort et je me réjouis, pour vous, de ce que je n'étais pas là, afin que vous croyiez. Allons vers lui.

Et, étant arrivé, il se trouva qu'il y avait déjà quatre jours que Lazare était dans le tombeau. Et comme Béthanie n'était éloigné de Jérusalem que de quinze stades, beaucoup de juifs étaient venus consoler Marthe et Marie de la mort de leur frère.

Marthe, ayant appris que Jésus venait, alla au-devant de lui, laissant Marie à la maison, et elle lui dit :

— Seigneur, si vous eussiez été ici, mon frère ne serait

Rendez à César ce qui appartient à César, leur répondit Jésus,
et donnez à Dieu ce qui est à Dieu. (P. 129.)

pas mort, mais je sais que, présentement même, Dieu vous accordera tout ce que vous lui demanderez.

— Votre frère, lui dit Jésus, ressuscitera.

— Je sais, Maître, qu'il ressuscitera au dernier jour.

Mais Jésus lui dit :

— Marthe, je suis la Résurrection et la Vie, celui qui croit en moi, fût-il mort, vivra, et quiconque vit et croit en moi ne mourra point à jamais; croyez-vous cela?

— Oui, Seigneur, répondit-elle, je crois que vous êtes le Christ, Fils du Dieu vivant, venu dans ce monde.

Lorsqu'elle eut ainsi parlé, elle s'en alla et appela secrètement sa sœur en lui disant :

— Le Maître est venu et il vous demande.

Aussitôt, celle-ci se leva et vint le trouver; les juifs croyaient qu'elle s'en allait pleurer au sépulcre de son frère.

Mais, quand elle eut rencontré Jésus, elle se prosterna à ses pieds en s'écriant :

— Seigneur, si vous eussiez été ici, mon frère ne serait pas mort!

Et comme elle pleurait, tout le monde prit part à ses pleurs et Jésus frémit lui-même d'émotion, en son esprit.

— Où l'avez-vous mis? dit-il.

— Ici, Seigneur.

Et Jésus pleura.

— Comme il l'aimait! se dirent les juifs entre eux.

— Otez la pierre de ce tombeau, dit Jésus, de nouveau frémissant.

— Seigneur, dit Marthe, c'est qu'il est là depuis quatre jours et, déjà, il sent mauvais.[1]

— Ne vous ai-je pas dit, reprit alors Jésus, avec autorité, que si vous croyez, vous verrez la gloire de Dieu? Otez cette pierre!

---

(1) Domine « *jam fœtet* » quatriduanus est enim. S. Jean, xi, 39.

Quand le tombeau fut ouvert :

— Mon Père, dit Jésus en levant les yeux au ciel, je vous rends grâces de ce que vous m'avez exaucé! Pour moi, je savais que vous m'exaucez toujours, mais je dis ceci pour ce peuple qui m'environne, afin qu'il croie que c'est vous qui m'avez envoyé.

Et, d'une voix forte, il cria :

— Lazare! Sors!...

A l'instant, le mort sortit tout enveloppé de bandes et le visage couvert d'un suaire.

— Déliez-le, dit alors Jésus, et laissez-le aller.

Ce que voyant, beaucoup de juifs crurent en lui mais non pas tous, car un certain nombre parmi eux lui jetèrent un regard de haine et prirent aussitôt le chemin de Jérusalem, pour avertir les pharisiens et les informer de ce qui venait de se passer.

Les princes des prêtres et les pharisiens tinrent conseil et se dirent entre eux :

— Voilà un homme réellement dangereux pour nous, puisqu'il fait de tels miracles; si nous n'y mettons pas bon ordre, tous croiront bientôt en lui et, non seulement, notre prestige sera détruit, mais les Romains viendront et détruiront notre ville en ruinant notre nation.

Alors, le grand-prêtre de cette année-là, nommé Kaïapha, leur dit :

— Vous n'y entendez rien. Tranchez mieux la question. Considérez qu'il est utile qu'un homme meure pour le peuple, afin que toute la nation ne périsse pas.

Il prophétisait ainsi, sans le savoir, la mort prochaine de Jésus pour la rédemption d'Israël et du monde.[1]

Tous se rangèrent sans peine à son avis et résolurent dès lors, de rechercher les moyens de s'emparer de Jésus pour le faire mourir.

---

(1) Ev. selon S. Jean, chap. XI.

Mais comme l'heure n'était pas encore venue ni le temps accompli, Jésus se retira avec ses disciples à Ephrem, près du désert, en attendant la Pâque qui allait se célébrer dans quelques jours.

Et il pria.

Alors ses disciples lui dirent :

— Maître, enseignez-nous donc, comme Jean l'a fait pour les siens, jadis, la meilleure prière.

— Ecoutez donc, leur dit Jésus, et, lorsque vous prierez, dites ainsi :

« NOTRE PÈRE QUI ES AUX CIEUX, QUE TON NOM SOIT SANCTIFIÉ !

» QUE TON RÈGNE ARRIVE. QUE TA VOLONTÉ SOIT FAITE SUR LA TERRE COMME AU CIEL.

» DONNE-NOUS AUJOURD'HUI NOTRE PAIN SUPERSUBSTANTIEL.

» PARDONNE-NOUS NOS OFFENSES COMME NOUS PARDONNONS NOUS-MÊMES A CEUX QUI NOUS ONT OFFENSÉS.

» ET NE NOUS LAISSE PAS SUCCOMBER A LA TENTATION, MAIS DÉLIVRE-NOUS DU MAL. Amen ! »

« Car, votre Père céleste vous pardonnera vos fautes selon que vous aurez vous-même pardonné celles de votre prochain envers vous.

» Amassez-vous ainsi des trésors dans le Ciel, la rouille et les voleurs ne les atteindront pas. Ne vous inquiétez pas d'autre chose, car si vous cherchez d'abord le Royaume de Dieu et sa Justice, tout le reste vous sera donné par surcroît. [1]

(1) Texte évangélique de S. Matthieu, chap. VI, ẙ. 9 et suiv. C'est cet Évangéliste qui donne le texte complet du *Pater*. S. Luc, chap. XI, ẙ. 2, ne le donne pas complètement et aux mots *panem supersubstantialem*, il substitue ceux-ci « notre pain quotidien. » C'est ce dernier texte que l'usage a fait prévaloir.

IV

L'ŒUVRE DE SATAN.

Cependant, Satan veillait et travaillait dans l'ombre l'âme vénale et noire d'un des disciples de Jésus.

Judas de Kerioth, à l'encontre des autres qui avaient tout laissé pour suivre Jésus, n'avait paru les imiter qu'afin de tirer de son action un grand profit.

Entièrement attaché à la terre et aux biens temporels, il avait pensé, comme beaucoup d'autres, que Jésus allait soulever le peuple pour se faire roi et que, dans la nouvelle organisation du royaume de Juda, il aurait une charge importante qui lui rapporterait de grands honneurs et d'immenses profits.

Tout ce qu'il avait vu, tout ce qu'il avait entendu, l'avait confirmé dans cette idée que, puissant en œuvres et en paroles comme il l'était, Jésus n'avait qu'à le vouloir pour rétablir le trône de David et restaurer la puissance de Salomon et, voyant que le Messie ne profitait d'aucun de ces avantages et qu'il ne cessait de répéter, en prêchant le sacrifice et l'abnégation, que son royaume n'était pas de ce monde, il avait fini par désespérer de la réalisation des projets de son avidité et il se demandait maintenant si tout n'allait pas

changer subitement de face et amener des catastrophes dans
lesquelles Jésus et ses amis pourraient être englobés.

Il n'eut pas de peine à ouvrir les yeux sur la véritable
situation d'Israël, voué sans remède à la domination étrangère de César, et à se convaincre que le seul espoir pour lui
de faire fortune, était de se ranger du côté de l'aristocratie
juive et de faire cause commune avec elle et ses ressentiments.

De leur côté, les pharisiens et les princes des prêtres qui
n'osaient s'emparer de Jésus par la violence, de crainte que
le peuple qu'il avait comblé de miracles ne prît, dans une
émeute, fait et cause en sa faveur, avaient songé à employer
la ruse, en soudoyant un de ses familiers et en lui inspirant
la pensée de le leur livrer par trahison.

Leurs efforts, dans cet ordre d'idées, avaient été jusqu'ici
infructueux, ignorants qu'ils étaient des habitudes des disciples difficiles à séduire dans leur âme simple et leur entier
dévouement à la personne de leur maître.

Et ils étaient perplexes, lorsqu'ils apprirent par un de
leurs espions que, parmi les apôtres même du Seigneur,
s'était glissé un homme ambitieux d'argent et d'honneurs
et qu'en flattant son vice on pourrait peut-être l'amener à
composition et se servir de lui.

. . . .

Le soir tombait sur Jérusalem et deux hommes mon-
taient au Temple, furtifs et silencieux comme des malfaiteurs
qui méditent d'accomplir un crime.

Le Temple était fermé, à cette heure, mais un sacrificateur
veillait à une des portes, attendant l'arrivée des deux hommes pour les introduire en secret.

Ils franchirent le portique de Salomon, la cour des gentils, celle des femmes et celle des juifs et, par de longs corridors, traversant la partie affectée au logement des prêtres, ils
arrivèrent à une grande salle où le sanhédrin était réuni
sous la présidence de Joseph Kaïapha, le grand-prêtre de

cette année, créature des romains, assisté de son beau-père Anne, ancien grand-prêtre déposé par mesure politique mais qui avait conservé toutes ses prérogatives morales et était toujours consulté dans tout ce qui intéressait la Religion ou la Loi.

— C'est bien toi, dit le grand-prêtre Kaïapha, qui es Judas du village de Kerioth, disciple de ce Nazaréen qui compromet la sécurité de la nation, soulève le peuple, veut se faire Dieu et séduit les simples par des prestiges condamnés par la loi de Moïse?

— C'est moi, grand-prêtre, répondit le disciple infidèle.

— Eh bien! écoute; tu suis Jésus depuis assez longtemps pour savoir que cet imposteur mérite d'être arrêté et mis en lieu sûr, parce que sa doctrine est mauvaise et ne tend à rien moins qu'à détruire l'œuvre de notre père Moïse. Tu sais, en outre, qu'il faut être insensé comme il l'est pour espérer se faire roi des Juifs, que jamais les Romains ne le permettront et que nous, qui connaissons bien les vrais intérêts de la nation, nous ne pouvons pas le permettre non plus, car ce serait appeler sur Jérusalem la ruine la plus complète et exposer le peuple juif, tout entier, à une dispersion irrémédiable et fatale. Nous comprenons que tu aies été attiré par de belles paroles et que tu aies espéré faire ta fortune, dans l'avenir, en suivant ce Jésus. Mais tu dois être bien revenu de ton erreur à présent.

Judas fit un signe silencieux d'adhésion.

— Nous avons donc pensé, continua le grand-prêtre, que tu nous serais utile et voici comment. Il faut absolument que nous nous débarrassions de ce Jésus avant la fête de Pâque qui réunit tant de monde à Jérusalem, où certainement, il provoquera du scandale et, peut-être, des émeutes qui nous nuiront grandement dans l'esprit des romains. Mais, quoique nous te paraissions puissants, et nous le sommes, en effet, nous sommes arrêtés par une considération

grave. Nous ne voulons pas indisposer le peuple contre nous
et, par une mesure de violence, le provoquer à se soulever en
faveur de Jésus qui a si bien capté ses bonnes grâces par ses
prétendus prodiges. C'est donc dans le plus grand secret que
nous devons mener notre plan et arrêter Jésus pour nous
mettre définitivement, nous et la nation, à l'abri de ses entre-
prises qui ne peuvent que nous être funestes tôt ou tard.

» Pour arriver à ce but, il faut que nous possédions un
homme de confiance qui connaisse bien les habitudes de
Jésus et nous désigne le moment le plus favorable, pour
nous emparer de lui sans bruit et sans esclandre.

» Nous savons déjà que tu as bien voulu accepter cette
tâche. Et nous t'en serons reconnaissants, sois tranquille,
Judas de Kerioth. tu ne perdras pas à nous avoir servi, au
contraire, tu éviteras d'être fatalement compromis un jour
ou l'autre dans le procès de Jésus qui sera fait tôt ou tard,
pour mettre fin aux troubles dangereux qu'il suscite et, tu
peux nous croire, ajouta perfidement le grand-prêtre, tu
retireras de l'aide que tu nous prêteras, gloire, honneur
et profit. »

Judas se laissa prendre à ces paroles mensongères et n'osa
pas en demander une explication plus ample, en présence du
Sanhédrin. Mais il demeura persuadé qu'en livrant Jésus
qui ne pouvait pas faire sa fortune, il allait lui échoir, de
par la reconnaissance des princes des prêtres, de grands
biens et des charges publiques honorifiques en rapport avec
le service qu'il leur aurait rendu.

— Et que faudra-t-il faire? demanda le traître d'un ton
obséquieux et louche.

— Aucun éclat, répondit Caïapha. Pour le moment,
retourner auprès de Jésus comme un bon disciple, le suivre
partout, épier ses moindres actions, pénétrer ses projets, et
s'il vient, comme nous le pensons, à Jérusalem pour célébrer
la Pâque, aussitôt que l'instant se présentera favorable pour

l'arrêter sans bruit, de préférence la nuit, venir nous prévenir, en toute hâte, du lieu où il se trouvera et des circonstances favorables à nos projets. Va, maintenant, et compte sur ta récompense.

Judas de Kerioth salua le Sanhédrin et les grands-prêtres et, sous la conduite d'un sacrificateur, refit le même chemin, dans le secret des corridors et des dédales du Temple et sortit, persuadé que, désormais, sa fortune était un fait accompli.

Il se mit en route immédiatement et rejoignit Jésus et la petite troupe des disciples à Ephrem où le Messie attendait, dans la solitude, le temps de retourner à Jérusalem pour la fête de Pâques.

TROISIÈME PARTIE

LE FILS DE DIEU

I

LE JOUR DU TRIOMPHE ET SON LENDEMAIN.

Or, l'heure avait sonné, l'heure décisive où le Mystère des mystères allait s'accomplir et la divinité du Fils de Dieu s'élever des tribulations et des ténèbres comme un éternel flambeau.

Le Maître se leva du repos de sa retraite, ceignit ses reins, revêtit son manteau et, montrant l'horizon :

— Voici, dit-il, que nous allons partir pour Jérusalem, et le Fils de l'Homme sera livré aux princes des prêtres et aux scribes qui le condamneront à mort, le livreront aux gentils pour être insulté, flagellé, crucifié, et, le troisième jour, il ressuscitera.

Les disciples écoutaient tristement ces paroles auxquelles ils s'efforçaient de ne pas croire, car plusieurs d'entre eux, dans leur simplicité, espéraient encore voir le peuple acclamer Jésus et le saluer comme un roi.[1]

____

(1) Ev. selon S. Luc, chap. xviii, ỳ. 34. « Ils (ses disciples) ne comprirent rien à tout cela ; c'était pour eux un langage inconnu et ils n'entendaient point le sens de ce qu'il leur disait. »

Cependant Jésus marchait en avant. Alors, une femme appelée Salomé, qui, depuis son veuvage l'avait suivi et était la mère des fils de Zébédée, pénétrée de la même espérance, lui dit, en se prosternant devant lui pour l'adorer, selon la mode orientale de rendre hommage aux rois :

— Maître, quand vous aurez conquis votre royaume, ordonnez, je vous prie, que mes deux fils soient assis, l'un à votre droite, l'autre à votre gauche.

— Vous ne savez pas ce que vous demandez, lui répondit Jésus, avec sévérité.

Et, s'adressant aux deux hommes qui étaient de ses apôtres :

— Etes-vous donc capables de boire le calice que je boirai?

— Nous le pouvons, Seigneur, répondirent-ils.

— Oui, leur dit Jésus, vous boirez mon calice, mais il n'est pas en mon pouvoir de vous asseoir à ma droite ou à ma gauche, car c'est mon Père seul qui dispense ces places à ses Élus.

En entendant cela, les dix autres apôtres montrèrent leur indignation, considérant, sans doute, que l'égoïsme des deux frères était grand, puisqu'ils demandaient, sans autre mérite qu'eux, une préséance exclusive.

Mais le Maître les arrêta :

— Vous savez, leur dit-il, comment les princes des nations les dominent et les régissent; sachez que rien de semblable ne doit exister parmi vous. Prenez exemple du Fils de l'Homme, qui n'est pas venu pour être servi, mais bien pour servir, et même pour racheter les hommes au prix de sa vie; apprenez que celui d'entre vous qui voudra avoir la préséance sur les autres, devra commencer par servir humblement ses frères et se considérer comme le moindre d'entre tous. Car celui qui s'élève sera abaissé et celui qui s'abaisse sera exalté.

Et, comme il parlait ainsi, ils arrivèrent près des murs

de Jéricho, au milieu d'une grande foule qui s'était rassemblée sur leur passage au bruit de l'arrivée de Jésus.

Deux aveugles, assis sur le bord de la route, s'étant informés de la cause de ce rassemblement inaccoutumé et ayant appris que c'était Jésus, fils de Marie, qui passait, se mirent à crier de toutes leurs forces :

— Seigneur! Fils de David, ayez pitié de nous!

Et plus la foule essayait de les faire taire, plus ils criaient :

— Seigneur! Fils de David, ayez pitié de nous!

Jésus s'arrêta, les appela et leur dit :

— Que voulez-vous de moi, et quel service puis-je vous rendre?

— Seigneur! répondirent-ils, faites que nous voyions!

Alors, pris de pitié, le divin Maître toucha leurs yeux qui s'ouvrirent aussitôt et ils se mirent à le suivre.

Et voici que, levant les yeux, il aperçut un homme de petite taille qui, pour le voir passer, était monté sur un sycomore. C'était un riche publicain, receveur des impôts douaniers nommé Zachée; lorsqu'il fut arrivé près de lui :

— Zachée, lui dit-il, descends promptement de cet arbre, car je vais loger chez toi, aujourd'hui.

— Ne sait-il donc pas que cet homme est un publicain et un pécheur? murmura la foule.

Mais Zachée, touché de la grâce d'en haut et exultant de joie, dit à Jésus, en se prosternant à ses pieds :

— Maître, je vous remercie de l'honneur que vous faites à mon indignité, je vais donner la moitié de mon bien aux pauvres et, si j'ai fait tort à quelqu'un en quoi que ce soit, je lui en donnerai quatre fois autant.

Et Jésus dit à ceux qui l'entouraient :

— La maison de Zachée a reçu aujourd'hui le salut, car Zachée est un enfant d'Abraham et le Fils de l'Homme est venu pour chercher et sauver ceux qui étaient égarés et perdus.

Lorsqu'il se fut reposé, il se remit en route avec ses disciples et arriva bientôt à Béthanie, dans la maison de Simon le lépreux.

La Pâque devait avoir lieu dans six jours.

. . . .

A peine fut-il entré dans ce frais village, que les habitants qui avaient gardé une grande reconnaissance envers lui de la résurrection de Lazare, qui était un des principaux d'entre eux, lui offrirent un cordial banquet.

Jésus l'accepta et, comme il achevait le repas, couché à la manière de l'Orient, Marie, sœur de Marthe, s'approchant de lui, répandit sur sa tête divine un parfum de nard précieux d'un vase d'albâtre qu'elle brisa en signe d'hommage sans réserve, et, avec ses opulents cheveux, elle essuya pieusement ses pieds fatigués dans les poudreux sentiers de son apostolat.

— Voilà une prodigalité insensée, s'écria alors Judas de Kérioth; pourquoi cette perte? n'eut-on pas pu vendre ce parfum? on en aurait bien tiré trois cents deniers dont les pauvres eussent profité!

Jésus vit que Judas ne parlait pas ainsi par amour des pauvres mais de l'argent, car il était l'économe de la petite troupe et n'avait d'yeux que pour la bourse, et il dit :

— Laissez-la faire, car elle a, par l'effusion de ce parfum, honoré par avance ma sépulture. Elle a fait une bonne action ; hélas! vous aurez toujours des pauvres à secourir, mais, moi, vous ne m'aurez pas toujours. Marie a embaumé mon corps par prévenance et je vous affirme qu'en quelque endroit du monde que pénètre l'Évangile que je vous ai apporté, sa mémoire sera glorifiée à cause de ce qu'elle a fait ici pour moi!

. . . .

Quand l'aurore se leva sur la montagne, le soleil éclaira de ses rayons une grande foule de gens accourus à Béthanie pour voir Jésus; c'était des juifs de toutes les provinces que la fête de Pâques amenait à Jérusalem, selon la Loi, qui ordonnait de venir célébrer cette fête en Sion.

Ils étaient venus, avides de contempler et d'entendre celui dont la parole et les miracles arrachaient des cris d'admiration et des hymnes d'allégresse.

Lorsque Jésus parut, prêt à se diriger vers Jérusalem, la foule enthousiasmée dépouilla les palmiers de leurs branches et une clameur immense sortit de toutes ces poitrines :

— Hosanna! Gloire au roi d'Israël! Qu'il soit béni Celui qui vient au nom du Seigneur!...

Alors, Jésus appela à lui deux de ses disciples et leur dit :

— Allez à la ferme de Bethphagé que vous voyez devant vous, vous y trouverez une ânesse attachée avec son petit, amenez-les après les avoir déliés, et si quelqu'un vous interroge, dites que le Maître en a besoin et on vous les laissera emmener, car il faut que cette parole des prophètes soit accomplie : « Allez dire à la fille de Sion : Voici ton roi qui vient à toi plein de mansuétude, monté sur une ânesse en compagnie de son poulain. »

Ils obéirent.

Quand ils eurent amené l'ânesse et son petit, ils les couvrirent de leurs manteaux et y firent asseoir le Maître.

Et la marche triomphale du Fils de l'Homme s'ouvrit, sur la route de Jérusalem couverte, par la foule, de vêtements étendus comme des tapis, et ceux qui marchaient devant et ceux qui suivaient, agitant dans leurs mains leurs palmes verdoyantes, criaient à tous les échos de la vallée et des montagnes, en acclamation :

— Hosanna! au Fils de David! Hosanna! au plus haut des cieux! Gloire à Celui qui vient au nom du Seigneur! Triomphe au roi d'Israël!...

Des pharisiens mécontents, s'adressant à Jésus, lui dirent en passant :

— Maître, faites donc taire vos disciples !

— Je vous déclare, leur répondit Jésus, que s'ils se taisaient, les pierres du chemin prendraient la parole à leur place pour crier.

Alors, il s'arrêta sur le versant de la montagne, parmi les ombrages frémissants des oliviers, et il contempla avec des yeux pleins de larmes le panorama superbe qui se déroulait à ses regards.

Panorama splendide aussi vaste que l'infini, désespoir des yeux trop faibles pour en embrasser toutes les merveilleuses profondeurs qu'estompent dans les lointains décevants de bleuâtres et légères vapeurs.

Au nord, les montagnes d'Ephraïm, d'Hébal et de Garizïm. A l'orient, la vallée délicieuse du Jourdain aux ondes d'argent serties d'émeraude, qui semblent un large ruban liseré de verdure se déroulant à travers le désert. Ailleurs, l'éclat d'acier bleu de la mer morte aux flots lourds encadrés de rochers désolés, premier plan des montagnes arides de l'Arabie que domine le mont Nébo, du haut duquel Moïse avait contemplé Chanaan qu'il ne devait point voir.

Enfin, à l'occident, toute la vallée de Josaphat, dont les tombeaux s'étendent sur les collines jusqu'à Siloan dont ils semblent la funèbre défense.

Mais ses yeux, surtout, tombèrent sur le joyau de ce gigantesque tableau, sur Jérusalem la superbe, dans son vêtement de marbre et le flamboiement d'or des toits de son temple, sur la ville de Sion, dont l'œil pouvait, de cet endroit, contempler toutes les richesses, nombrer toutes les splendeurs, compter toutes les maisons, voir écumer les fontaines, et dont le bourdonnement, murmurant comme celui d'une ruche opulente, pouvait presque arriver jusqu'aux oreilles.

Et il pleura !...

— O Jérusalem! s'écria-t-il, Jérusalem! Toi qui tues les prophètes et qui lapides ceux qui sont missionnés vers toi, si, du moins, en ce jour qui t'es donné encore, tu savais ce qui peut t'apporter la paix! Combien de fois n'ai-je pas voulu rassembler tes enfants comme une poule rassemble ses poussins sous son aile, et tu ne l'as point voulu! Aveugle! des jours viendront où tes ennemis t'environneront de toutes parts, t'entoureront de tranchées, massacreront tes habitants et ne laisseront pas de toi pierre sur pierre, car tu aurais pu connaître le temps où Dieu t'a visitée et tu ne l'as pas connu! Tu aurais pu être sauvée et tu ne l'as pas voulu!

. . . .

Et, continuant sa route, Jésus traversa, sur un pont, le torrent de Kidron qui arrose la vallée de Josaphat, puis il arriva bientôt sous les murs même de la ville dans laquelle il entra par la porte Dorée qui s'ouvrait sur l'orient, et, parmi la foule qui grossissait toujours, les uns continuaient à l'acclamer, d'autres s'informaient :

— Qui est donc celui-ci?

Et on leur répondait :

— Honorez-le comme nous, c'est Jésus, le Messie, qui est de Nazareth en Galilée.

Et il se dirigea vers le temple, accomplissant ainsi cette parole d'Ezéchiel le prophète :

« Et j'ai vu le Fils de Dieu, entrant dans la Ville Sainte, par la porte de l'orient, monter au Temple pour y répandre une lumière qui éclairera toute la terre et y parler avec une voix semblable au fracas des grandes eaux. »

. . . .

Les portes du Temple étaient grandes ouvertes en ce jour, (le 9 de Nisan) et la foule, à flots pressés, en visitait les parvis.

Jésus y entra, et tous ceux qui le connaissaient et ceux qui, déjà, se demandaient entre eux, ne l'ayant pas encore vu, s'il oserait venir à Jérusalem pour célébrer la Pâque, se le montraient avec curiosité.

D'un regard, il embrassa l'étendue des parvis qu'il connaissait si bien et où il avait enseigné tant de fois, et, à la vue des marchands de toute espèce qui les encombraient de leurs étalages, y vendant au milieu des cris, des discussions et des marchandages, toutes sortes de denrées, depuis les fruits et les gâteaux jusqu'aux animaux destinés aux sacrifices, il sentit monter en lui une sainte et terrible colère.

Son regard si doux lança des éclairs de fureur, et, s'armant d'un faisceau de cordes nouées, il bondit au milieu du bazar impur, renversant les comptoirs dans le fracas de l'argent dispersé, bousculant les étalages, les tables et les sièges et frappant, comme un archange vengeur, les reins et le visage des vendeurs et des acheteurs en criant :

— Hors d'ici, scélérats! il est écrit que ma maison est une maison de prière et vous en faites une caverne de voleurs!...

Et telles étaient la majesté de ses représailles et l'autorité de son prestige, que nul ne songeait à lui résister; plus épouvantés que les Philistins aux cris des soldats de Josué, vendeurs et clients s'enfuyaient dans une inexprimable confusion, comme si la foudre même fut tombée près d'eux.

Irrités, les scribes et les pharisiens accoururent pour se saisir de lui et le convaincre hypocritement de sacrilège.

Mais, déjà, Jésus avait jeté son fouet; son visage auguste avait repris sa sérénité divine et, dans la foule qui se pressait, il guérissait les aveugles et redressait les infirmes, et la foule criait, ébranlant tous les échos des parvis, et jusqu'à l'ombre mystérieuse du Saint des Saints :

— Hosanna au Seigneur! Hosanna au Fils de David! Gloire au Messie, roi d'Israël!...

Et des troupes d'enfants, avec leurs voix aiguës, répétaient sans se lasser :

— Hosanna! hosanna! Fils de David! Hosanna!...

— Entends-tu ce que disent ces enfants? lui demandèrent alors les pharisiens lâches.

— Oui, dit Jésus, je les entends, mais c'est vous qui ne les entendez point; car on croirait que vous n'avez jamais lu ce qui est écrit dans les Psaumes : « La bouche des petits enfants, la voix de ceux qui sont encore à la mamelle, voilà l'organe de votre louange! »

Ayant ainsi parlé, il sortit du Temple pour retourner à Béthanie et y passer la nuit auprès de ceux qu'il aimait. Mais le lendemain matin, il était de nouveau dans le Temple; alors les pharisiens et les scribes qui avaient guetté son arrivée, s'approchèrent de lui et lui dirent, pendant qu'il enseignait au peuple :

— Nous te prions de nous faire savoir en vertu de quelle autorité tu agis ici, et de qui tu en tiens le droit si ce droit existe pour toi?

— Laissez-moi, leur dit Jésus, vous poser avant tout une question et, si vous y répondez, je vous ferai connaître la source de mon pouvoir.

— Parle donc.

— Voici : Le baptême de Jean était-il du Ciel ou des hommes? Répondez.

A cette question subtile, ils se regardèrent entre eux, et, très embarrassés, ils songèrent :

— Si nous disons que le baptême de Jean venait du Ciel, il va nous demander pourquoi nous n'y avons pas cru. Mais si nous lui répondons qu'il venait des hommes, toute la foule qui a cru à Jean comme à un prophète va nous huer et nous maudire. Que faire?

Alors, hypocritement, ils répondirent :

— Nous l'ignorons, Maître.

— Ah! vous l'ignorez, dit sévèrement Jésus, ignorez donc aussi par quelle autorité je fais mes œuvres, car je ne vous le dirai pas!

Et, d'une voix formidable, il cria :

— Les voyez-vous, assis sur la chaire de Moïse, ces scribes et ces pharisiens? Faites ce qu'ils vous disent, mais ne les imitez pas, car ils disent et ne font pas! Ils chargent pesamment les autres de lourds fardeaux qu'ils ne voudraient pas remuer du bout du doigt. Regardez leurs œuvres toutes d'orgueil pour être vues des hommes, vêtus de longues robes ornées de larges phylactères [1] et de larges bordures; toujours aux premières places dans les festins et les synagogues, avides d'être salués dans les rues du titre de Rabbi.

« Malheur sur eux!...

» Vous, mes disciples, prenez garde de ne point vous faire appeler de ces titres pompeux de Maître et Rabbi, vous êtes tous frères et vous n'avez qu'un maître qui est le Christ et un Père qui est aux Cieux. Sachez que les humbles seront glorifiés et que les orgueilleux seront humiliés.

» Malheur sur vous, scribes et pharisiens hypocrites, qui prétendez dérober aux hommes la clef du Royaume des Cieux que vous fermez, vous n'y entrez pas et vous ne permettez pas aux autres d'y entrer.

» Malheur sur vous qui dévorez les maisons des veuves en simulant de longues prières, vous serez, de ce chef, sévèrement jugés.

» Malheur à vous qui courez la terre et les mers pour faire un seul prosélyte et qui ne savez en faire qu'un fils de la géhenne. Conducteurs d'aveugles, qui dites qu'un serment fait par un débiteur au nom du Temple ne l'engage pas, mais que s'il a juré au nom du trésor du Temple il est engagé par une dette; insensés! l'argent qui enrichit le Temple est-il donc plus sacré que le Temple qui le sanctifie? Celui qui fait serment sur l'autel ne jure-t-il pas sur tout ce qui fait partie de l'autel? Celui donc qui jure sur le Temple jure au nom de Celui qui habite

---

(1) Les phylactères étaient ces bandes de parchemin ou de métal portant des inscriptions de la Loi et que les pharisiens attachaient à leurs habits parce que Moïse avait ordonné d'avoir sans cesse la Loi devant les yeux!

le Temple et celui qui en appelle au Ciel en appelle, sachez-le,
au trône même du Dieu qui l'habite et à Dieu lui-même!

» Oh! malheur sur vous, hypocrites, qui payez la dîme de
la menthe, de l'anis et du cumin et qui violez les plus graves
commandements de la Loi, vous qui portez de faux jugements, vous qui êtes sans pitié, vous qui n'avez pas de bonne
foi! Voilà les préceptes qu'il fallait observer d'abord avant
de ne pas négliger les autres.

» Pasteurs aveugles qui respectez la vie d'un moucheron
et qui avalez un chameau, malheur sur vous! Vous nettoyez
l'extérieur de la coupe et du plat et le dedans est plein de rapines et de cupidité, sans que vous y preniez garde. Pharisiens
aveugles, lavez d'abord l'intérieur avant de nettoyer le dehors.

» Malheur sur vous, sépulcres blanchis et pleins de pourri-
ture secrète, vous paraissez justes et vous êtes pleins de péché.

» Hypocrites qui bâtissez des tombeaux fastueux aux
prophètes et aux justes en disant : « Si nous eussions vécu
du temps de nos pères, nous n'eussions pas coopéré au
meurtre des prophètes. » Vous avouez donc que vous êtes
les fils de ceux qui ont tué les prophètes? Eh bien! comblez
la mesure des crimes de vos pères!

» Race de vipères et de serpents, comment donc échappe-
rez-vous à la sentence de l'abîme? Comment?

» Des prophètes, des sages et des savants vous seront
envoyés par Dieu, est-il écrit, et vous tuerez les uns, vous
crucifierez les autres, vous les flagellerez dans vos synagogues, les traquant de ville en ville.

» C'est afin que le jour vienne où vous porterez le poids
de tout le sang des justes, depuis celui d'Abel jusqu'à celui
de Zacharie, fils de Barachias, que vous avez tué entre le
vestibule et l'autel. Eh bien, je vous le dis, en vérité, c'est
votre génération qui sera écrasée par ce fardeau![1]

(1) Ev. S. Matthieu, chap. XXIII.

» Ah! vous vous proclamez sages et docteurs, ne savez-vous pas qu'il est écrit que la pierre qui a été rejetée par ceux qui bâtissaient est devenue la principale pierre de l'angle![1]

» Votre maison deviendra déserte et sera abandonnée à la ruine, et vous ne me reverrez point que vous ne m'ayez vous-mêmes acclamé des bénédictions de l'Envoyé du Seigneur qui a fait en ce jour ce miracle à vos yeux, car, je vous le dis, le royaume de Dieu vous sera enlevé et ce seront les nations qui en jouiront à votre place, car il leur sera donné en partage, et celui qui sera tombé sur la pierre angulaire s'y brisera et celui sur qui elle tombera sera écrasé![2] »

En entendant Jésus parler ainsi, les pharisiens et les scribes contenaient à peine leur colère et s'ils ne s'emparaient pas immédiatement de lui, c'était uniquement à cause du peuple, car ils craignaient le peuple qui vénérait Jésus comme un prophète.

De fait, si violents que fussent les discours du divin Maître, missionné du Père céleste pour convaincre de leur propre péché ceux qui déshonoraient le sacerdoce dont ils étaient revêtus, aucune de ces paroles n'eussent pu le faire condamner par les tribunaux romains.

Or, ils cherchaient quel piège ils tendraient bien à Jésus pour pouvoir le convaincre de crime contre César et, sachant combien le divin Messie aimait les pauvres et avait pitié des misérables opprimés, ils lui envoyèrent des espions d'Hérode qui, sous des airs respectueux, lui dirent insidieusement :

--- Nous savons, Maître, que tu es véridique et nous aimons à proclamer que, sans souci de qui que ce soit, tu enseignes la vérité de Dieu. Dis-nous donc un peu, à ton avis, si l'on doit ou non payer le tribut à César?

Jésus devina leur fourberie et leur répondit :

(1) Ev. selon S. Marc. chap. xii, ỹ. 10.
(2) S. Matthieu, chap. xxiii, ỹ. 38-39 et xxi, ỹ. 42-43-44.

— Hypocrites, pourquoi donc me tentez-vous? Montrez-moi la monnaie qui sert à payer le tribut.

Ils lui montrèrent alors une pièce d'un denier.

— Quelle est cette image et de qui parle cette inscription? demanda-t-il.

— L'image est celle de César et l'inscription l'indique, lui dirent-ils.

— Rendez donc à César ce qui appartient à César, leur répondit Jésus, et donnez à Dieu ce qui est à Dieu.

Etonnés de sa perspicacité et de sa sagesse, ils se retirèrent et Jésus, accompagné de ses disciples, sortit du temple et se mit à marcher avec eux pour retourner à Béthanie.

Et comme ils marchaient, déjà hors de la ville :

— Maître, lui dirent ses disciples, voyez quels magnifiques édifices, quelles pierres et quelle structure.

— Vous admirez ces édifices, leur répondit Jésus, et moi, je vous déclare qu'ils seront tellement détruits qu'il n'en restera pas deux pierres superposées.

Et, s'asseyant avec eux sur un tertre, à mi-côte de la montagne des oliviers.

— Vous me demandez, leur dit-il, quand ces choses arriveront? Prenez bien garde que nul ne vous séduise, car un long temps se passera entre le commencement des tribulations et leur fin. La persévérance seule conduira au salut. Ne croyez donc ni aux faux christs ni aux faux prophètes qui surgiront de toutes parts. Mais veillez sans cesse et priez toujours, parce que vous ne savez quand arrivera l'heure du Jugement, que les anges mêmes du Ciel ignorent et que, seul, le Père connaît. Aussi, sachez-le bien, car je vous le dis : Le ciel et la terre passeront, mais mes paroles ne passeront point.

« Quand le Fils de l'Homme glorifié reviendra au milieu de ses anges, il assemblera toutes les nations et il séparera les bons des méchants, comme un berger ferait des brebis et des boucs.

» Aux bons qui passeront à sa droite, il dira : Venez,

vous que mon Père a bénis, entrez dans le Royaume de la Lumière qui vous a été préparé comme héritage dès l'origine du monde ; j'avais faim et vous m'avez nourri, j'avais soif et vous m'avez donné à boire, j'étais nu et vous m'avez vêtu, étranger et vous m'avez accueilli, infirme et vous m'avez visité, prisonnier et vous m'avez consolé.

» Et alors, ils diront :

» — Seigneur, que dites-vous? Quand donc vous avons-nous vu infirme, nu, étranger, prisonnier, et quand avons-nous pu vous rendre des services?

» Et le Roi du Ciel leur répondra :

» — Apprenez-le donc, chaque fois que vous avez exercé ces œuvres d'amour envers le plus petit de vos frères, c'était envers moi que vous les exerciez, car ils n'étaient autres que moi-même!

» Et il dira à ceux qui seront à sa gauche :

» — Allez, maudits, et retirez-vous dans le feu éternel qui brûlera le diable et ses anges! Vous m'avez vu dans toutes les mêmes nécessités et vous ne m'avez point secouru.

» Alors, les méchants lui diront :

» — Quand donc, Seigneur, avons-nous ainsi péché envers vous?

» Et il leur répondra :

» — Lorsque vous avez méprisé le plus petit d'entre vous, apprenez-le, c'était moi-même que vous offensiez en lui.

» Et ils iront grincer des dents et pleurer dans les supplices sans fin, tandis que les justes boiront la vie à la coupe éternelle du Père! [1] »

Ayant ainsi parlé, il entra avec ses disciples dans Béthanie où Simon le lépreux [2] lui offrit un repas auquel Jésus prit place avec ses apôtres.

(1) Ev. selon S. Matthieu, chap. xxv. (Passim.)

(2) Ce surnom est resté à ce Simon pour le distinguer des autres mais il n'était plus lépreux. Il avait été guéri par Notre-Seigneur et était un disciple.

II

Nul n'avait jamais vu les lèvres du divin Maître s'ouvrir pour le rire; mais en ces jours solennels et décisifs, tout le monde était douloureusement inquiet à la vue de l'immense tristesse qui avait envahi le Fils de l'Homme. Plusieurs fois même, on l'avait entendu murmurer des paroles comme celles-ci :

— O Père! Père! sauvez-moi de cette heure!

Or, le premier jour des *azymes*, c'est-à-dire de la fête des *pains sans levain*, où il était prescrit par la loi de Moïse de manger l'agneau pascal, était arrivé.

Jésus quitta Béthanie et vint s'asseoir sur le penchant de la montagne des Oliviers, n'allant pas, cette fois, contre sa coutume des jours précédents, jusqu'à Jérusalem.

— Maître, lui dirent ses apôtres, où voulez-vous que nous allions préparer ce qui est nécessaire pour célébrer la Pâque et manger l'agneau?

Alors, Jésus appelant Céphas et Jean, leur dit :

— Allez, vous deux, jusqu'à la ville. Vous rencontrerez un homme portant une cruche d'eau; suivez-le et dites au maître de la maison : « Le Maître vous envoie dire : Mon temps est proche. Où est le lieu où je dois manger avec eux? » Alors, il vous montrera une grande salle tout ornée, c'est là que vous préparerez la Pâque.

Lorsque le soir fut arrivé, Jésus, accompagné de ses apôtres, entra dans Jérusalem par la porte de Sion. Ils se dirigèrent vers la maison qui était préparée pour les recevoir et, quand la septième heure fut venue, ils se mirent à table.

— J'avais, leur dit Jésus, un grand désir de manger la Pâque avec vous avant de souffrir, car je vous déclare que, désormais, je ne mangerai plus cette Pâque et ne boirai plus du jus de la vigne jusqu'à ce qu'arrive le Royaume de Dieu.

Pendant qu'ils mangeaient :

— En vérité, leur dit Jésus, il en est un parmi vous qui doit me trahir et me livrer.

A ces paroles du Maître, la tristesse des disciples fut grande, et chacun d'eux se mit à lui dire :

— Seigneur, qui est-ce qui commettra cette criminelle action? est-ce moi?

Jésus savait quel était celui d'entre eux qui allait se rendre coupable de ce grand péché et il le nomma tout bas à Jean, le disciple bien-aimé, qui appuyait sa tête sur la poitrine du divin Maître.

— Celui, dit-il, qui met la main au plat avec moi me trahira. Pour ce qui est du Fils de l'Homme il s'en va, comme il a été écrit de lui, mais malheur à celui par qui le Fils de l'Homme sera trahi, il eût mieux valu pour lui n'être jamais né!

Judas, qui allait précisément commettre ce crime, poussa l'hypocrisie jusqu'à lui dire comme les autres :

— Est-ce donc moi, Maître?

— Tu l'as dit, lui répondit Jésus.

Alors, sachant que son heure était venue pour passer de ce monde à son Père, comme il avait aimé les siens, dans le monde, il les aima jusqu'à la fin.

Voulant donner à tous un exemple de charité et une

Quelques instants après, le corps de Judas se balançait
à une branche d'olivier. Le malheureux s'était pendu. (P. 157.)

leçon d'humilité, il se fit apporter un bassin plein d'eau, se leva de table et, ayant enlevé sa robe, se ceignit d'un linge, puis, portant le bassin, il se mit à laver les pieds de ses disciples.

Quand ce fut au tour de Simon-Pierre :

— Non! s'écria l'apôtre, tu ne me laveras point les pieds, je ne le souffrirai pas, Seigneur!

— Si je ne te laves pas, répondit le Maître, tu n'auras point de part avec moi.

— Alors, dit Pierre docile, lave-moi donc, non seulement les pieds, mais les mains et la tête.

— Celui qui s'est baigné, dit Jésus, n'a plus besoin que de se laver les pieds. Il est net. Or, vous êtes nets, mais pas tous!

Et quand il eut achevé :

— Comprenez, leur dit-il, ce que je viens de faire. Vous m'appelez Maître et Seigneur et vous avez raison, car je le suis. Si donc, je vous ai lavé les pieds, moi, votre Maître et votre Seigneur, vous aussi vous devez vous laver les pieds les uns aux autres, car je vous ai donné l'exemple, afin que vous fassiez vous-même ce que j'ai fait pour vous.

Ayant ainsi fait, il se remit à table et, prenant du pain, il rendit grâces à Dieu, le bénit et le rompit, puis il le partagea entre ses disciples, en leur disant :

— PRENEZ ET MANGEZ, CECI EST MON CORPS qui sera livré pour vous.

Puis il prit le calice, le remplit de vin, rendit grâces de nouveau et le leur donna en disant :

— BUVEZ-EN TOUS, CECI EST MON SANG qui sera répandu pour beaucoup en rémission des péchés. Or, je vous le dis, je ne boirai plus de ce jus de la vigne, que je ne le boive de nouveau dans le royaume de mon Père.

Tous, alors, après avoir mangé le pain, burent le vin du calice, communiant à la réelle et divine Eucharistie, dont Melchisédech avait jadis présenté la figure prophétique.

Et, comme troublé en songeant à ce qui allait se passer bientôt, Jésus dit encore avec tristesse :

— En vérité, l'un de vous me trahira.

Judas se leva pour sortir. Jésus le regarda alors et lui dit à demi-voix :

— Va donc, et fais au plus tôt ce que tu veux faire.

Mais aucun des apôtres ne comprit.

En ce moment, une légère contestation s'éleva parmi les disciples, au sujet de savoir lequel d'entre eux avait sur les autres le plus de grandeur.

Alors, Jésus, désireux de tuer en eux tout sentiment d'orgueil, les apaisa et leur dit :

— Les rois des nations les traitent avec empire, et ceux qui ont autorité sur elles en sont appelés les bienfaiteurs. Pour vous, mes enfants, vous n'en userez pas de même; mais que celui qui est le plus grand parmi vous, devienne comme le plus petit, et que celui qui gouverne soit comme celui qui sert. Car, qui est le plus grand de celui qui est à table ou de celui qui sert? N'est-ce pas celui qui est à table? Et moi, cependant, qui suis le plus grand, je suis parmi vous comme celui qui sert. Mais, comme vous êtes toujours demeurés fermes avec moi dans mes épreuves, aussi, je vous prépare le Royaume Céleste comme mon Père me l'a préparé, afin que vous mangiez et que vous buviez à ma table, dans mon Royaume, et que vous soyez assis sur des trônes pour juger avec moi les douze tribus d'Israël.

« Cependant, que ces promesses magnifiques ne vous donnent pas d'orgueil, car Satan a demandé à vous cribler tous comme on crible le froment; mais j'ai prié pour vous, dit-il à Pierre en particulier, afin que votre foi ne défaille pas; lors donc que vous aurez été convertis, ayez soin d'affermir vos frères.

« Dites-moi : quand je vous ai envoyé sans bourse, sans sac et sans chaussures, avez-vous manqué de quelque chose? »

— De rien, Maître, lui dirent-ils.

— Eh bien! leur dit Jésus, maintenant, que celui qui a un sac ou une bourse, le prenne, et que celui qui n'en a point vende sa robe pour acheter une épée, car, je vous assure qu'il faut encore que l'on voie s'accomplir ce qui a été écrit de moi : « Il a été mis au rang des scélérats. » Et cette parole va s'accomplir, car les prophéties qui ont été faites sur moi vont se réaliser bientôt.

— Maître, lui dirent alors ses apôtres, voici deux épées.

— C'est assez, leur dit Jésus, sans insister sur cette parole.

« Maintenant le Fils de l'Homme est glorifié et Dieu est glorifié en Lui, et si Dieu est glorifié en Lui, Dieu le glorifiera aussi en Lui-même et ce sera bientôt.

» Aussi, avant de vous quitter, je vous donne un commandement nouveau : Aimez-vous les uns les autres comme je vous ai aimés. C'est à cet amour mutuel que l'on reconnaîtra que vous êtes mes disciples. »

— Où vas-tu donc, Seigneur? demanda Simon-Pierre.

— Tu ne peux me suivre maintenant, Céphas, mais tu me suivras plus tard.

— Et pourquoi donc, Maître, ne puis-je te suivre à présent; ne sais-tu pas que je donnerais ma vie pour toi?

— Tu donnerais ta vie pour moi, dis-tu, Céphas; répondit Jésus avec tristesse, et avant que le coq ait chanté, tu m'auras renié trois fois!

Et s'adressant à tous :

— Que votre cœur ne se trouble pas, ô mes enfants, leur dit-il, vous croyez en Dieu, croyez aussi en moi. Il y a plusieurs demeures dans la maison de mon Père, si cela n'était pas, je vous l'aurais dit. Mais je vais vous préparer une place dès que je vous aurai quitté, et je reviendrai pour vous prendre avec moi, afin que vous y soyez aussi. Quant au lieu où je vais, vous en connaissez le chemin.

Alors, Thomas lui dit :

— Maître, puisque nous ne savons pas où tu vas, comment pouvons-nous en connaître le chemin?

— Je suis, leur dit Jésus, la Voie, la Vérité et la Vie. Personne ne vient au Père sans passer par moi. Si vous me connaissez, vous connaissez aussi mon Père et, dès à présent, vous le connaissez et vous l'avez vu.

Philippe prit alors la parole et dit :

— Maître, montre-nous le Père et cela nous suffit.

— O Philippe! répondit Jésus d'un ton de doux reproche, comment, depuis si longtemps que je suis avec vous, ne m'as-tu pas connu! Je te dis que celui qui m'a vu a vu mon Père et tu me demandes de vous montrer le Père! Ne crois-tu donc pas que je suis dans le Père et que le Père est en moi? ce n'est pas moi qui fais mes œuvres, mais le Père qui est en moi. Croyez donc tous que je suis dans le Père et que le Père est en moi, croyez-le au moins à cause de mes œuvres. Je vous affirme que celui qui croit en moi fera aussi mes œuvres et même de plus grandes, parce que je vais au Père et, quoique vous demandiez en mon nom, je le ferai pour la glorification de mon Père en son Fils.

« Si vous m'aimez, vous garderez mes commandements et je prierai le Père de vous donner un autre consolateur, qui sera éternellement avec vous, l'Esprit de Vérité, que le monde ne peut pas recevoir, parce qu'il ne le voit ni ne le connaît pas, tandis que vous, vous le connaissez, parce qu'il demeure avec vous et qu'il sera en vous.

» Mes enfants! je ne vous laisse pas orphelins. Bientôt le monde ne me verra plus, mais vous, vous me verrez, parce que je vis et que vous vivrez aussi, et ce sera en ce jour que vous connaîtrez clairement que je suis en mon Père, que vous êtes en moi et que je suis en vous.

— D'où vient donc, Maître, demanda Jude, que tu te feras connaître à nous et non pas au monde?

— Si quelqu'un m'aime, lui répondit Jésus, il gardera ma

parole, mon Père l'aimera et nous viendrons à lui et nous ferons en lui notre demeure. Mais celui qui ne m'aime pas ne garde pas ma parole qui est celle de mon Père, dont je suis l'envoyé. Voilà des choses que je vous ai dites pendant que j'étais avec vous, et que l'Esprit-Saint consolateur, que mon Père vous enverra en mon nom confirmera en vous.

» Que votre cœur ne soit donc pas troublé. Je vous donne ma Paix, je vous laisse ma Paix; soyez sans crainte, elle ne ressemble pas à celle que donne le monde.

» Vous l'avez entendu de ma bouche : Je m'en vais et je reviens à vous. Si vous m'aimez, vous vous réjouirez de ce que je vais vers le Père, parce que le Père est plus grand que moi.

» Ce que je viens de vous dire, je vous le dis avant que l'événement le confirme et afin que, lorsque la chose sera arrivée, vous croyiez. Je ne vous parlerai plus guère, parce que le prince de ce monde vient contre moi. Mais sachez que rien en moi ne lui appartient. Si je le laisse agir contre moi, c'est afin que le monde sache que j'aime mon Père et que je lui obéis.

» Levez-vous donc, mes enfants, et partons d'ici, car il en est temps.[1] »

____

(1) Ev. de S. Jean, ch. XIII et XIV.

III

LES DERNIÈRES PAROLES AUX DISCIPLES ET L'APPEL AU PÈRE.

Ils rendirent grâces au Seigneur et ils sortirent. Et, chemin faisant, comme ils se dirigeaient hors de la ville vers la montagne des Oliviers, le divin Maître continua à leur ouvrir les trésors de son cœur dans de mémorables et suprêmes enseignements.

— Vous êtes purs, leur dit-il, à cause de la parole que vous avez reçue de ma bouche. Demeurez en moi et je resterai en vous. Je suis le cep de vigne et vous êtes les sarments, sans moi vous ne pouvez rien faire ni porter de fruits, vous sécheriez et l'on vous couperait pour vous jeter au feu. Mais si vous demeurez en moi sur la foi de ma parole, tout ce que vous voudrez vous sera accordé. Par les fruits nombreux que vous porterez, vous glorifierez mon Père.

« Si vous gardez mes commandements, vous demeurerez dans mon amour, comme j'ai gardé les commandements de mon Père, et je demeure en son amour.

» Je vous ai dit toutes ces choses, afin que ma joie demeure en vous et que votre joie soit accomplie. Or, voici mon commandement suprême : Aimez-vous les uns les autres comme je vous ai aimés, moi qui donne ma vie pour vous.

Vous serez ainsi mes amis et non mes serviteurs, car le serviteur obéit en aveugle à son maître, et vous, vous connaissez ce que m'a appris mon Père.

» Ce n'est pas vous qui m'avez choisi, mais moi qui vous ai élus et *établis* pour porter des fruits permanents, afin que mon Père vous donne tout ce que vous lui demanderez en mon nom.

» Aimez-vous les uns les autres, et sachez que, si le monde vous hait, c'est qu'il m'a haï avant vous.

» Si vous étiez du monde, le monde aimerait ce qui serait à lui; mais, parce que vous n'êtes pas du monde et que je vous ai choisis dans le monde, voilà pourquoi le monde vous hait.

» Souvenez-vous de ce que je vous ai dit : le serviteur n'est pas plus grand que son maître ; s'ils m'ont persécuté, ils vous persécuteront, de même que s'ils ont gardé ma parole, ils garderont aussi la vôtre.

» Mais ils vous haïront à cause de mon nom, parce qu'ils ne connaissent pas celui qui m'a envoyé. Si je n'étais pas venu et que je ne leur eusse pas parlé, ils n'auraient point de péché, mais je leur ai parlé et leur péché est désormais sans excuse.

» Celui qui me hait, hait aussi mon Père. Si je n'avais pas fait parmi eux des œuvres que nul n'a faites, ils n'auraient point de péché, mais parce qu'ils ont vu mes œuvres, ils m'ont haï et ont haï mon Père.

» C'est afin que soit accomplie cette parole de leur Loi : « Ils m'ont haï sans motif.[1] »

» Lorsque sera venu le Consolateur que je vous enverrai de la part du Père, l'Esprit de Vérité qui procède du Père, c'est lui qui rendra témoignage de moi. Et vous aussi, vous me rendrez témoignage, parce que vous êtes dès le commencement avec moi.

(1) Psaumes 24, ỳ. 19.

» Si je vous parle ainsi, c'est pour que vous ne soyez pas scandalisés. Ils vous chasseront des synagogues et vous feront mourir même, au nom de Dieu, parce qu'ils n'ont connu ni moi ni mon Père. Si je ne vous ai pas dit tout cela dès le commencement, c'est que j'étais avec vous, mais, je vous le dis maintenant, en vous quittant, afin que, quand l'heure sera venue, vous vous souveniez que je vous l'ai dit. »

Tous se taisaient, sentant combien l'heure était solennelle et quelle tragique gravité contenaient ces paroles de leur Maître, et une sombre tristesse avait envahi leur cœur.

— Eh quoi! leur dit Jésus, je m'en vais à Celui qui m'a envoyé et nul de vous ne me demande : Où vas-tu? Mais le chagrin vous rend muets. Sachez, et je vous dis la vérité, qu'il est avantageux pour vous que je m'en aille, car si je ne m'en vais pas, le Consolateur ne viendra point vers vous, et si je m'en vais, je vous l'enverrai. Et quand il sera venu, il convaincra le monde de péché, de justice et de jugement. De péché, parce qu'ils ne croient pas en moi, de justice, parce que je m'en vais au Père et que vous ne me verrez plus, et de jugement, parce que le prince de ce monde est jugé.

« Hélas! mes amis, vous ne pouvez pas encore entendre tout ce qui me resterait à vous dire! Mais vous apprendrez ces choses de l'Esprit de Vérité, qui vous enseignera tout ce qu'il aura entendu et vous conduira dans la Vérité. Il me glorifiera, parce qu'il recevra tout ce qui est à moi en commun avec mon Père. Encore un peu de temps et vous ne me verrez plus, puis encore un peu de temps et vous me verrez. »

— Que signifie donc ce qu'il nous dit là, se demandèrent entre eux quelques-uns des disciples : « Encore un peu de temps et vous ne me verrez plus; puis encore un peu de temps et vous me verrez, parce que je vais au Père. » Nous ne savons de quoi il parle ni ce qu'il veut nous dire.

Mais Jésus connaissant leur pensée, leur dit :

— Vous vous demandez entre vous ce que signifie ce que

j'ai dit. En vérité, vous pleurerez, vous vous lamenterez et le monde se réjouira. Vous serez dans la tristesse, mais votre tristesse se changera en joie quand je vous reverrai, vous oublierez vos douleurs et nul ne vous ravira votre joie. Et en ce jour-là, vous ne m'interrogerez plus sur rien. En vérité, ce que vous demanderez au Père, il vous l'accordera en mon nom. Vous n'avez encore rien demandé en mon nom, demandez et vous recevrez, afin que votre joie soit accomplie.

« Je vous ai parlé jusqu'ici en paraboles, mais voici venir l'heure où je vous parlerai du Père sans figures ni similitudes.

» En ce jour-là, vous demanderez en mon nom, et je ne vous dis pas que je prierai le Père pour vous, car le Père lui-même vous aime parce que vous m'avez aimé et que vous avez cru que je suis venu du Père. Je suis issu du Père et je suis venu dans le monde; maintenant, je laisse de nouveau le monde, et je vais au Père. »

Alors, ses disciples lui dirent :

— Maître, c'est maintenant que tu parles ouvertement et sans similitude. Nous voyons bien que tu sais toutes choses et que tu n'as pas besoin que personne t'interroge ; voilà pourquoi nous croyons que tu es issu de Dieu.

— Croyez-vous, maintenant? leur répondit Jésus. L'heure vient, et elle est arrivée, où vous serez dispersés chacun de son côté et où vous me laisserez seul; mais je ne suis pas seul, parce que le Père est avec moi.

« Je vous ai dit ces choses, afin que vous ayez la paix en moi. Vous aurez des afflictions dans le monde, mais, prenez courage, j'ai vaincu le monde. »

Alors, levant les yeux au ciel, Jésus s'écria :

— Père, l'heure est venue. Glorifie ton Fils afin que le Fils te glorifie; afin que, par le pouvoir que tu lui as remis sur toute chair, il donne la Vie Éternelle à tous ceux que tu lui as donnés. Or, la Vie Éternelle consiste en ce qu'ils te connaissent, toi, le seul vrai Dieu et celui que tu as envoyé, Jésus le Christ.

« Je t'ai glorifié sur la terre; j'ai achevé l'œuvre que tu m'as donnée à faire. Et maintenant, glorifie-moi, toi, ô mon Père, auprès de toi-même, de la gloire que j'avais auprès de toi avant que le monde fût.

» J'ai manifesté ton Nom aux hommes que tu m'as donnés du monde; ils étaient à toi et tu me les a donnés, et ils ont gardé ta parole.

» Maintenant, ils ont connu que tout ce que tu m'as donné vient de toi, car je leur ai donné les paroles que tu m'as données et ils les ont reçues; et ils ont reconnu véritablement que je suis venu de toi et ils ont cru que tu m'as envoyé.

» Je prie pour eux, je ne prie pas pour le monde, mais pour ceux que tu m'as donnés parce qu'ils sont à toi!

» Tout ce qui est à moi est à toi et ce qui est à toi est à moi et j'ai été glorifié en eux. Je ne suis plus dans le monde, mais eux y sont et je vais à toi.

» Père Saint! garde en ton Nom, ceux que tu m'as donnés, afin qu'ils soient Un comme nous!

» Pendant que j'étais avec eux, je les gardais en ton Nom, et je les ai préservés et aucun d'eux ne s'est perdu, sinon le fils de perdition, afin que l'Écriture fût accomplie.

» Et maintenant, je vais à toi, et je dis ces choses, étant encore dans le monde, afin qu'ils aient ma joie accomplie en eux. Je leur ai donné ta parole, et le monde les a haïs, parce qu'ils ne sont pas du monde comme je ne suis pas du monde. Je ne te prie pas de les ôter du monde, mais de les préserver du mal, parce qu'ils ne sont pas du monde.

» Sanctifie-les dans la Vérité, ta parole est la Vérité. Je les ai envoyés dans le monde comme toi-même m'y as envoyé et je me sanctifie moi-même pour eux, afin qu'ils soient eux-mêmes sanctifiés dans la Vérité.

» Je ne prie pas seulement pour eux, mais je prie aussi

pour ceux qui croient en moi sur leur témoignage, afin que tous soient un, comme toi, Père, tu es en moi et que je suis en toi ; qu'eux aussi soient en Nous, afin que le monde croie que c'est toi qui m'as envoyé. Je leur ai donné la gloire que tu m'as donnée, afin qu'ils soient Un comme Nous sommes Un, moi en eux et toi en moi, afin qu'ils soient parfaits dans l'Unité et que le monde reconnaisse que c'est toi qui m'as envoyé et que tu les a aimés comme tu m'as aimé !

» Père ! je veux que là où je suis, ceux que tu m'as donnés soient avec moi, afin qu'ils voient la gloire que tu m'as donnée, parce que tu m'as aimé avant la création du monde !

» Père Juste ! le monde ne t'a pas connu ; mais moi je t'ai connu et ceux-ci ont reconnu que c'est toi qui m'as envoyé.

» Et je leur ai fait connaître ton Nom et je le leur ferai connaître, afin que l'amour dont tu m'as aimé soit en eux et que tu sois toi-même en eux ![1] »

. . . .

Et ayant achevé cette invocation sublime, le Seigneur Jésus se remit en marche suivi de ses disciples et traversa avec eux le torrent de Kidron.

(1) Ev. selon S. Jean, chap. xvi et xvii.

IV

Quelques instants après, ils entrèrent dans un jardin où Jésus s'était souvent retiré pour prier et qui se nommait Gethsémani.

— Asseyez-vous ici, dit Jésus à ses disciples, jusqu'à ce que j'aie fait ma prière.

Et ayant pris avec lui Pierre, Jacques et Jean, il commença à être saisi de frayeur et accablé de tristesse.

— Mon âme, leur dit-il, est triste jusqu'à la mort, attendez ici et veillez avec moi.

Et s'étant avancé un peu plus loin, il se prosterna contre terre, priant que, s'il était possible, cette heure s'éloignât de lui et il disait, dans l'angoisse de son âme, tandis qu'une sueur de sang inondait son visage :

— Abba ! Père ! Père ! vous êtes tout-puissant, éloignez de moi ce calice ! pourtant, que votre volonté soit faite et non la mienne !...

Il revint ensuite vers ses disciples et, les ayant trouvés endormis :

— Quoi ! dit-il à Céphas, vous dormez, Simon, vous n'avez pu seulement veiller une heure avec moi ! Veillez et priez, afin que vous ne soyez pas tentés. L'esprit est prompt, mais la chair est faible.

Il s'en retourna alors, pria de nouveau dans les mêmes termes et, étant revenu vers eux, il les trouva encore endormis. Enfin, étant encore aller prier, une troisième fois il revint et leur dit :

— Vous pouvez dormir maintenant et vous reposer. L'heure est venue et le Fils de l'Homme va être livré entre les mains des pécheurs. Allons, levez-vous, celui qui doit me trahir n'est pas loin d'ici.

A peine avait-il achevé de parler, qu'un bruit se fit dans le sentier, des falots éclairèrent la nuit sombre et une troupe de gens armés, composée des gardes du Temple et de quelques soldats romains, fit irruption dans le jardin.

Un homme marchait avec eux et leur servait de guide; c'était Judas de Kérioth, qui était allé prévenir les pharisiens du Temple que le moment était propice, et que Jésus allait pouvoir être saisi dans l'enclos de Gethsémani où il devait se trouver, selon sa coutume d'y aller prier.

— Comment le reconnaîtrons-nous la nuit et parmi les autres? leur avaient-ils demandé.

— Ne soyez pas en peine, leur avait répondu Judas, celui que je saluerai, en le baisant, sera Jésus, vous pourrez vous en emparer.

Jésus les vit venir et leur demanda, sachant tout ce qui allait arriver :

— Qui cherchez-vous?

— Nous cherchons Jésus de Nazareth, lui dirent-ils.

Au même moment, Judas de Kérioth s'approcha de lui :

— Salut, Maître, dit-il.

Et il l'embrassa !

Jésus reçut le baiser et, d'un ton de doux reproche :

— Mon ami, dit-il, pourquoi êtes-vous venu ici?

Et aux autres, avec une majesté auguste :

— Vous cherchez Jésus de Nazareth, c'est moi!

A peine eut-il prononcé ces mots, que les soldats reculèrent et, saisis d'épouvante, tombèrent à terre comme s'ils eussent été frappés de la foudre.

Mais Jésus leur ordonna de se relever et leur dit une seconde fois :

— Vous cherchez Jésus de Nazareth, je vous l'ai dit, c'est moi. Laissez donc aller ceux-ci en paix.

C'était afin que fut accomplie cette parole, qu'il avait dite à Dieu son Père tantôt : « Père, je n'ai perdu aucun de ceux que tu m'as confiés! »

Alors, Simon-Pierre ayant une épée, la tira et frappant le valet du grand-prêtre, Malchet, lui coupa l'oreille droite.

Mais Jésus dit à Pierre :

— Remets ton épée dans le fourreau. Ne boirai-je pas la coupe que le Père m'a donnée? Quiconque se servira de l'épée périra par l'épée.

Et, s'adressant aux soldats, après avoir, sur-le-champ, guéri la blessure du valet du grand-prêtre :

— Vous êtes venus à moi, leur dit-il, avec des épées et des bâtons pour me prendre; j'étais tous les jours parmi vous, enseignant dans le Temple, et vous ne m'avez pas arrêté; mais il faut que les Écritures s'accomplissent.

Alors, la troupe se jeta sur Jésus qui fut saisi et garrotté. En voyant cela, les disciples épouvantés prirent la fuite.

Les soldats traînèrent Jésus jusqu'au torrent de Kidron qu'il fallait traverser.

Mais le bruit de son arrestation s'était répandu et, malgré l'heure avancée, la foule attirée par la curiosité, avait suivi les satellites du Temple à la lueur de leurs lanternes et, massée sur le pont et la rive, elle en obstruait le passage.

Les gardes donc, ne pouvant passer, entrèrent dans le torrent et y traînèrent Jésus, afin que cette antique prophétie fut accomplie : « Il boira dans sa route l'eau du torrent.[1] »

On gravit ensuite les pentes du mont Sion, puis on passa près du Temple pour se rendre chez le grand-prêtre Anne, beau-père de Caïphe et souverain sacrificateur de cette année-là.

Dès qu'il apprit le résultat de l'expédition envoyée par le sanhédrin contre Jésus, Anne fit avertir les docteurs de la Loi, les prêtres et les pharisiens, qui accoururent aussitôt se ranger autour de son tribunal.

Des disciples, maintenant dispersés et en proie à la terreur devant la tournure tragique que prenaient les choses, seuls Pierre et Jean avaient suivi, de loin, ne pouvant se résoudre à abandonner leur Maître.

Céphas, qui était étranger, resta près de la porte, tandis que Jean, qui était connu du souverain sacrificateur, en profitait pour entrer dans la cour de sa maison.

La nuit était froide et l'on avait allumé, dans un brasero, un grand feu pour se chauffer.

Pierre s'assit auprès du feu pour se chauffer comme les autres.

— Ah! ah! dit alors une servante de la maison du grand-prêtre, en passant auprès de lui, tu as bien l'air d'un galiléen, par ma foi, je gagerais que, toi aussi, tu faisais partie de la troupe de ce Jésus de Nazareth?

— Moi! se récria Pierre, non! non! vous vous trompez, je ne sais pas ce que vous dites!

Et, tout gêné, il s'écarta du feu et se rapprocha de la porte du vestibule.

Alors, une autre servante l'aperçut et, s'adressant à ceux qui étaient là :

— Tenez, dit-elle, en voilà un de ceux qui étaient avec Jésus de Nazareth!

____

(1) *De torrente in via bibet.* Psaumes.

— Vous vous trompez! se récria Pierre de nouveau, je vous assure que je ne connais pas cet homme!

— Comment peux-tu mentir ainsi! s'écria alors un des valets du grand-prêtre qui avait été témoin de ce renoncement; je suis un parent de Malchet à qui tu as coupé l'oreille avec ton épée dans le jardin des Oliviers, je t'ai vu, tu ne peux le nier, et, quand même tu t'obstinerais à dire le contraire, on ne te croirait pas, car ton langage montre assez que tu es galiléen; on ne parle pas à Jérusalem aussi mal qu'en Galilée!

Mais Pierre se récria de nouveau avec obstination et jura avec mille imprécations :

— Je vous assure que vous vous trompez! je vous affirme que je ne connais pas cet homme!

Et, dans la nuit, le coq chanta!...

Au même moment Jésus passa et jeta sur Pierre un regard douloureux si plein de compassion, de tendresse et de pardon, que Céphas, revenu à lui tout à coup, sentit une grande affliction pénétrer son âme et sortit immédiatement pour pleurer amèrement sa faute.

. . . .

Cependant, Jésus était maintenant au pied du tribunal du grand-prêtre, entouré de son conseil et assis sur son trône.

— C'est toi qui es Jésus de Nazareth, dit-il; quelle est ta doctrine et que sont tes disciples?

Mais Jésus qui avait résolu de ne pas s'expliquer sur ce point, sachant l'inutilité de tout plaidoyer, répondit :

— Ma doctrine n'est pas un mystère; j'ai parlé ouvertement au monde, enseigné dans les Synagogues et dans le Temple et je n'ai jamais professé aucun enseignement secret. Pourquoi m'interroges-tu? Renseigne-toi auprès de ceux qui ont entendu ce que je leur ai dit, ceux-là savent ce que j'ai dit.

Alors, un des valets du grand-prêtre s'approchant de Jésus, pour faire montre de zèle, lui donna un soufflet en disant :

— Est-ce ainsi que tu réponds au grand-prêtre.

— Si j'ai mal parlé, dit Jésus avec douceur, prouve-le, sinon, pourquoi me frappes-tu?

— Faites venir les témoins, ordonna le grand-prêtre.

Ils défilèrent alors stipendiés, et vils, rapportant calomnieusement des lambeaux défigurés des phrases de Jésus, et l'un d'eux dit :

— Nous avons entendu dire à cet homme qu'il détruirait le Temple bâti par les hommes et, qu'en trois jours, il en reconstruirait un autre qui ne serait pas l'œuvre des hommes.

Alors le grand-prêtre, se levant, dit à Jésus :

— Qu'as-tu à répondre à ces témoignages?

Et comme Jésus se taisait, il reprit :

— Es-tu le Christ, le Fils de Jéhovah Adonaï?

— Je le suis, dit alors Jésus, et vous verrez le Fils de l'Homme assis, un jour, à la droite de la majesté de Dieu sur les nuées du ciel.

Aussitôt, le grand-prêtre déchira ses vêtements et s'écria :

— Nous n'avons plus besoin de témoins! Il a blasphémé! Qu'en pensez-vous?

— Il a blasphémé! s'écria tout le conseil.

Les valets vils lui crachèrent au visage à l'exemple de quelques-uns des prêtres. On banda les yeux à Jésus et on le frappa avec brutalité en lui disant ironiquement :

— Allons, prophète, dis-nous qui t'a frappé?

Alors ils le traînèrent, pour subir le même interrogatoire, chez Kaïapha. Il y reçut les mêmes outrages, pendant le reste de cette longue nuit.

L'aube blanchissait le ciel et le soleil se levait sur le vendredi (14 de nisan).[1]

D'une seule voix, l'assemblée avait déclaré Jésus coupable de blasphème contre l'orthodoxie de la Loi mosaïque et d'atteinte au culte établi et, de ce chef, selon la Loi, l'avait

---

(1) Correspondant au 3 avril vers cinq heures du matin.

déclaré digne de mort. Comme toujours, les quelques hommes du conseil qui l'aimaient, au fond, furent lâches et s'abstinrent de parler en sa faveur, par prudence. Le Sanhédrin ne pouvait prononcer une sentence de mort; ce droit était réservé à l'autorité romaine qui permettait à peine de lapider ceux qui avaient violé la Loi de Moïse; et ce droit n'était qu'une tolérance, parce qu'il était difficile, souvent, de réprimer le premier mouvement de violence des juifs sur ce point. Ces exécutions spontanées étaient nommées des « *jugements de zèle.* »

Ce n'était pas ici le cas d'appliquer un semblable procédé à Jésus qu'il était impossible, non seulement de convaincre d'avoir violé la Loi, mais même d'avoir jamais commis aucune faute. Le Sanhédrin le sentait bien et voulait un jugement régulier rendu par le Gouverneur lui-même.

Ils lièrent donc Jésus pour le conduire à Pilatus au milieu des grossières insultes de la populace, car il fallait, pour arriver au palais du procurateur, traverser une grande partie de Jérusalem, sa demeure étant située à l'extrémité de la ville. Les gardes eux-mêmes qui conduisaient Jésus l'accablaient d'outrages et de mauvais traitements.

Enfin, le cortège arriva au prétoire où les juifs refusèrent d'entrer, de peur de se souiller, les hypocrites, car ils n'eussent pas pu, après cela, en conscience, manger la Pâque.

Entrer dans la maison d'un païen était, en effet, considéré comme une impureté punie par la Loi de Moïse.

Leurs clameurs avertirent le procurateur qui, s'étant informé de leurs désirs, sortit de sa maison pour les satisfaire.

Il monta donc au *bima* ou tribunal extérieur situé en plein air et nommé aussi *Gabbata*, du nom du pavé qui en décorait l'emplacement et il leur dit :

— Que reprochez-vous donc à cet homme?

— C'est un malfaiteur, lui crièrent-ils, voilà pourquoi nous te l'avons amené!

— Prenez-le donc et jugez-le d'après vos lois, dit le procurateur.

— Nous n'avons pas le droit de faire mourir personne, répondirent-ils. Il se dit roi, il est traître à César.

C'était afin que fut accompli ce que Jésus avait prédit de son genre de mort, car la croix était un instrument de supplice romain inusité en Judée où la lapidation était la manière de tuer les condamnés à mort selon la Loi.

Pilatus rentra donc dans le prétoire et, parlant à Jésus :

— Alors, tu es le roi des Juifs? lui demanda-t-il.

— Dis-tu cela de ton chef, répondit Jésus, ou d'autres te l'ont-ils dit de moi?

— Je ne suis pas juif, dit Pilatus. Ta nation et les principaux sacrificateurs t'ont livré à moi. Qu'as-tu fait?

— Mon royaume, répondit Jésus, n'est pas de ce monde, sans cela, mes amis eussent tiré l'épée pour me défendre des juifs.

— Tu es donc roi?

— Oui, je suis roi, né pour rendre témoignage à la Vérité dont les amis écoutent ma voix.

— Qu'est-ce que la Vérité? demanda alors Pilatus dans son scepticisme de romain matérialiste.

Et, sans attendre la réponse de Jésus, il retourna vers ceux qui en avaient appelé à son jugement et leur dit :

— En vérité, je ne trouve en cet homme aucun sujet de condamnation.

Et, revenant à Jésus :

— Entends-tu, lui dit-il, toutes les accusations dont ils te chargent?

Mais Jésus garda le silence, ce qui étonna beaucoup le procurateur.

Les juifs, cependant, ne cessaient pas leurs clameurs contre Jésus, l'accusant d'avoir excité le peuple à la révolte par la prédication de sa doctrine dans toute la Judée, et d'avoir soulevé la Galilée entière.

En entendant cette accusation, Pilatus s'avisa d'un moyen de se débarrasser de cette affaire et il dit :

— Puisque cet homme est Galiléen, il appartient à la juridiction d'Hérode qui est tétrarque de cette province, adressez-vous donc à lui, il le jugera.

Alors, Hérode étant à Jérusalem pour la fête de Pâque et sa maison se trouvant voisine de celle de Pilatus, les juifs prirent le parti de lui conduire Jésus.

Le tétrarque qui en avait entendu beaucoup parler et espérait le voir faire des prodiges en sa présence, fut aise de voir Jésus et l'accabla de questions.

Mais le divin Maître garda un silence profond au grand étonnement du roi de la Galilée qui en conçut pour lui un profond mépris et, l'ayant fait revêtir d'une robe blanche, costume dont on habillait les fous, le renvoya ainsi à Pilatus, en disant qu'il le trouvait insensé et non coupable.

Le procurateur vit avec peine Jésus ramené à son tribunal au milieu des clameurs des juifs qui réclamaient sans merci sa condamnation.

Il s'avisa donc d'un moyen de renvoyer Jésus.

Et, sortant de nouveau sur le *bima*.

— Vous savez, dit-il aux juifs, que, selon l'usage, je veux vous relâcher quelqu'un à l'occasion de la fête de Pâque, je relâche donc le « roi des Juifs. »

Or, il y avait dans les prisons un voleur nommé Bar-Rabbam condamné à mort pour des crimes de droit commun.

— Relâchez-nous Bar-Rabbam ! s'écrièrent les forcenés et gardéz celui-ci pour le faire mourir !

Alors, Pilatus, espérant leur faire changer d'avis, ordonna qu'on fouettât Jésus avec des verges ; les soldats ajoutèrent l'outrage à la cruauté, ils tressèrent une couronne d'épines qu'ils lui mirent sur la tête, le vêtirent d'un lambeau d'écarlate et, s'approchant de lui, ils lui disaient, parmi les crachats et les soufflets :

— Salut! roi des Juifs!

Alors, Pilatus fit paraître Jésus au *bima* et, espérant encore attendrir la foule :

— Voilà l'Homme! dit-il en montrant Jésus.

Mais quand les sacrificateurs et leurs acolytes soudoyés par eux le virent, ils crièrent :

— Supprimez-le! crucifiez-le!

— Eh! s'écria Pilatus, prenez-le vous-mêmes et crucifiez-le; quant à moi je ne le reconnais coupable d'aucun crime.

— Nous avons une Loi, crièrent-ils, et, selon cette Loi, il doit mourir, parce qu'il s'est fait Fils de Dieu.

Très perplexe, Pilatus demanda à Jésus :

— D'où es-tu?

Mais Jésus ne répondit pas.

— Ne sais-tu pas, reprit le procurateur que j'ai le pouvoir de te délivrer ou de te crucifier?

— Tu n'aurais aucun pouvoir sur moi, répondit le divin accusé, s'il ne t'avait été donné d'En-Haut. C'est pourquoi celui qui m'a livré est coupable d'un grand péché.

Pilatus cherchait toujours un moyen de le délivrer. Mais les juifs lui crièrent perfidement :

— Prends garde! si tu le gracies, tu trahis César, car quiconque se fait roi trahit César!

Pilatus à qui les juifs avaient déjà fait du tort dans l'esprit de Tibérius récemment, prit peur en lui-même, mais il essaya encore de les attendrir et, s'asseyant sur le *bima*, il fit placer Jésus sur le *Gabbata* ou pavé de la tribune et, le leur montrant de nouveau :

— Voilà votre roi, leur dit-il.

— Otez-le! ôtez-le! crièrent les juifs! crucifiez-le!

— Vous voulez que je crucifie votre roi?

— Oui! crièrent ces forcenés, notre roi est César et nous n'en avons pas d'autre!

Alors, pour bien montrer qu'il ne trempait pas dans ce

crime, Pontius-Pilatus se fit apporter un bassin plein d'eau et s'y lava symboliquement les mains en disant :

— Sachez que je suis pur du sang de ce juste! Vous en répondrez.

— Que son sang, s'écrièrent-ils, retombe sur nous et sur nos enfants! Qu'il soit crucifié![1]

Pilatus ordonna donc qu'on libérât Bar-Rabbam le voleur, et, assis sur le *bima*, prononça la sentence :

« Conduisez au lieu du supplice, Jésus de Nazareth, convaincu par les principaux de sa nation d'avoir soulevé le peuple, méprisé César et de s'être faussement donné pour le Messie. Crucifiez-le entre deux voleurs, en dérision de sa prétendue royauté. Va, licteur, prépare la croix. »

Alors, quatre soldats s'emparèrent de Jésus et l'emmenèrent pour le charger de l'instrument de son supplice.

Cependant, un homme au regard sombre, aux traits hagards, avait anxieusement suivi toutes les phases de cet ignoble et cruel procès.

L'agitation de son âme paraissait dans ses yeux qui lançaient de fauves éclairs. A le voir, on n'eut pu dire s'il désirait ardemment ou craignait avec la même violence voir se consommer l'immolation du Juste.

Mais quand la sentence fut rendue, sa figure devint livide et il prit sa course vers le Temple.

Arrivé là, il se précipita dans les appartements du grand-prêtre et, jetant à ses pieds la bourse où tintaient les trente pièces d'argent,[2] prix infâme de sa trahison, Judas s'écria

---

(1) S. Jean Ev. chap. xviii, xix. S. Marc, Ev. chap. xv. S. Matthieu, chap. xxvi.

(2) Le récit évangélique nous dit seulement à propos de Judas qu'il était avare, avait reçu des prêtres les trente deniers la veille pour prix de son crime et qu'il les reporta le lendemain. On s'est perdu en conjectures pour savoir quel avait bien pu être le mobile du misérable en agissant ainsi envers Notre-Seigneur. Mais on n'a jamais pu ni déterminer la cause exacte de sa trahison ni surtout comprendre qu'il ait commis un pareil crime pour une somme aussi minime, ce qui paraît le

avec l'accent du plus profond désespoir, en s'adressant au souverain pontife et aux sacrificateurs :

— Oh! malheur! malheur sur moi! j'ai péché en livrant le sang du juste! Malheur!

— Qu'est-ce que cela nous fait! lui répondirent les princes des prêtres, c'est ton affaire et non la nôtre. Arrange-toi!

A cette réponse cynique, Judas les regarda, blême de stupeur, et s'enfuit laissant à leurs pieds le prix du sang innocent et criant :

— Mettez cela dans le trésor du Temple, je ne veux plus de cet argent, malheur sur moi, criminel!

Quand il fut parti, les princes des prêtres délibérèrent sur ce qu'on ferait de cette somme, ne voulant pas mettre le prix du sang dans le trésor et ils convinrent d'acheter, de ces deniers, le champ d'un potier situé au sud du mont Sion, pour y enterrer les étrangers.

Ce champ est encore appelé aujourd'hui *Haceldama*, c'est-à-dire, le *champ du sang*.

Ainsi s'accomplit cette prophétie de Jérémie :

« Ils ont pris les trente pièces d'argent qui sont le prix qu'ils m'ont estimé auprès des enfants d'Israël et ils en ont acheté le champ du potier comme l'a prescrit le Seigneur.[1] »

Quelques instants après, le corps de Judas se balançait à une branche d'olivier. Le malheureux s'était pendu.

comble sinon de l'invraisemblance au moins de la folie. La sœur Catherine Emmerich dans ses visions émet l'opinion que Judas avait crû faire fortune en suivant Jésus, confiant dans l'idée qu'il deviendrait roi des Juifs temporellement et que, voyant ses espérances déçues de ce côté, il se rejeta du côté opposé et fut trompé dans son nouveau calcul de fortune par les princes des prêtres. Beaucoup d'exégètes se sont ralliés à cette idée qui s'accorde avec le caractère de Judas tel que nous le dépeint l'Evangile.

(1) S. Matthieu, xxvii.

V

Dès que Pilatus eut rendu l'inique et abominable sentence, les licteurs coururent hors de la ville, pour fabriquer à la hâte l'instrument du supplice de Jésus.

Comme le temps leur manquait pour couper et équarrir un arbre, ils se servirent du tronc d'un vieux cèdre de la vallée de Josaphat, qui, depuis un temps immémorial, était tombé en travers du torrent de Kidron, formant, entre ses deux rives, un pont sur lequel le Seigneur avait passé bien des fois; ils en firent la pièce de support de la croix, sur laquelle ils attachèrent une traverse formée d'un quartier d'olivier qu'ils équarrirent sur-le-champ.

Ainsi construite et ayant, selon l'usage, la forme d'un T, la croix fut apportée, vers la fin de la matinée, dans la cour du prétoire, où Jésus, revêtu des vêtements qu'on lui avait enlevés pendant ces heures d'ignominies et d'outrages, la reçut sur ses épaules divines; et le triste cortège se mit en marche vers le lieu des exécutions appelé Golgotha[1] ou calvaire, situé à cette

(1) En hébreu *Goulgoleth* qui correspond au grec κρανίον et au latin *Calva* et veut dire crâne, soit que ce roc nu eut la forme d'un crâne, soit que, suivant une tradition, assurément poétique, le sang de Notre-Seigneur devait couler sur le crâne d'Adam enseveli en ce lieu. La grandeur de cette idée mystique permet de s'y rallier.

Tout est consommé !... (P. 166.)

époque hors de l'enceinte de Jérusalem et de la porte judiciaire, où l'on affichait les sentences des condamnés et où, déjà, celle de Jésus était livrée à la lecture publique des passants.

Deux voleurs, également condamnés au supplice de la croix, faisaient partie de cette funèbre marche.

Accablant était le poids de cette énorme croix, que Jésus, s'il n'eut pas été soutenu par une force divine, après toutes les tortures physiques et les angoisses morales qu'il venait de subir pendant plus de douze heures, n'eut pu assurément porter, livré aux seules forces de la nature humaine.

Toutefois, après avoir fait environ quatre-vingts pas, il fit une première chute dont il se releva au milieu des coups et des outrages. Le cortège, un instant arrêté, se remit en marche.

Quarante pas plus loin, une douloureuse rencontre atten-dait le bon Jésus.

Perçant la foule, une femme au noble visage ravagé par les affres d'une douleur sans nom, écarta les gardes qui entouraient Jésus, pour s'approcher de Lui. C'était Marie, la sainte Mère du Christ qui, ayant appris par Jean la con-damnation de son Fils, était accourue avec le jeune apôtre bien-aimé, le seul qui fût resté fidèle à son maître malheureux. Repoussée d'abord par les soldats brutaux, avec l'énergie qu'une mère puise en son amour dans les grandes catastrophes du cœur, elle était arrivée à pénétrer dans leurs rangs. Mais, à la vue de son Fils tout sanglant, couvert de poussière, de sueur et de crachats, couronné d'épines qui perçaient son front auguste empreint d'une souffrance que la langue humaine ne saurait narrer, ses forces l'abandonnèrent et sa gorge se refusa à articuler d'autres sons qu'un hoquet de douleur.

Ce n'était plus le moment de dire comme aux noces de Cana, dans la joyeuse Galilée : « Femme, mon heure n'est pas encore venue! » Jésus s'arrêta et la regardant d'un regard profond et calme comme le mystère des Cieux :

— Salut! lui dit-il, ô ma Mère!

Et il se remit en route, suivie par Marie, qui ne quitta plus ses pas jusqu'à la consommation du sacrifice, malgré les supplications de Jean et de Marie-Madeleine, qui voulaient l'arracher à ce spectacle d'horreur et à la vue du supplice.

Cent dix pas plus loin, une autre femme, célèbre depuis dans la tradition chrétienne, se tenait devant la porte de sa maison, regardant, avec des larmes, avancer péniblement l'auguste victime défigurée par la haine des suppôts de Satan. C'était Séraphia, appelée aussi Bérénice. Elle s'approcha du Sauveur, et, pieusement, avec son voile, elle essuya son saint visage, souillé par l'impureté de tant d'outrages, le sang de tant de douleurs, la sueur de tant de travaux et la poussière d'un tel chemin.

Le divin condamné reçut cet hommage en silence, mais quand Bérénice eut essuyé sa face trois fois sainte et repris son voile, l'image auguste et douloureuse du Christ s'y était empreinte, gage solennel de récompense immortelle pour ce bienfait.[1]

Enfin, on arriva à la porte judiciaire ou occidentale de la ville, et Jésus tomba sous le faix de sa croix pour la troisième fois. Devant cette troisième chute et l'état affreux de prostration et de souffrance dans lequel les soldats virent leur prisonnier, ils craignirent que, si on persistait à lui faire porter l'instrument de son supplice, il ne succombât avant d'arriver au lieu de l'exécution et ils se demandèrent comment ils échapperaient à cette éventualité, car nul d'entre eux n'eut voulu porter la croix, instrument de supplice vil aux yeux des romains et auquel nul ne pouvait toucher s'il était citoyen libre.

Pendant qu'ils discutaient, Jésus qu'on avait relevé et qu'on soutenait par les cordes qui le liaient, vit devant lui

---

(1) C'est de là que Bérénice fut appelée Véronique du latin *vera* vraie et du grec *εἰκών* image, parce que la vraie image de Jésus fut empreinte sur son voile.

parmi la foule, des femmes qui pleuraient abondamment à
la vue de ses douleurs.

— Filles de Jérusalem, leur dit-il, ne pleurez pas sur
moi; pleurez plutôt sur vous-mêmes et sur vos enfants! car
le temps approche où on dira : Heureuses les stériles et les
entrailles qui n'ont pas porté d'enfants, les mamelles qui
n'ont point nourri! C'est alors qu'ils commenceront à dire
aux montagnes : Tombez sur nous! et aux collines : Couvrez-
nous et dérobez-nous à la vengeance du Ciel qui sera terrible,
car, si le bois vert est traité comme je le suis, que sera le sort
du bois desséché?

Mais leurs pleurs redoublaient ainsi que les sanglots des
saintes femmes qui suivaient parmi la foule, soutenant la
Mère du Sauveur qu'accompagnaient aussi Marie-Madeleine
et Jean.

En ce moment, passa près des soldats, un juif nommé
Simon, du bourg de Cyrène. Usant d'un droit de corvée reconnu
par les usages, ils l'appelèrent et l'obligèrent à prendre sur ses
épaules la croix de Jésus pour l'aider à gravir la colline, au
pied de laquelle on arriva bientôt, après avoir tourné d'abord
au midi, puis au couchant. Là, commençait la pente la plus
directe et la plus rapide, conduisant au sommet du Golgotha.

Péniblement, Jésus la gravit en compagnie des deux
voleurs qui devaient être crucifiés en même temps que lui et,
à peine arrivé, il défaillit encore une fois et s'affaissa par terre.

L'usage voulait, dans une pitié ironique, qu'on donnât,
avant l'horrible supplice, aux criminels qui devaient être
crucifiés, une boisson enivrante destinée à endormir leurs
sens et à tromper leurs douleurs. Les soldats présentèrent
donc à Jésus ce cordial composé de vin, de fiel et de myrrhe,
mais, après y avoir goûté, il refusa de le boire.

Ils l'emmenèrent alors dans une grotte voisine où ils lui
ôtèrent ses vêtements, puis il fut ramené près de la croix en
présence du peuple, massé sur une place réservée pour lui

par la loi qui donnait une grande publicité aux exécutions.

En ce moment, Jean et Marie entraînèrent dans une grotte la sainte Mère de Jésus, pour lui dérober l'horreur de ce spectacle. Vaincue par la douleur, Marie ne résista point à leur affectueuse prévenance.

Pendant ce temps-là, le plus grand forfait de la terre se consommait à la face du Ciel; le Fils de Dieu était cloué au gibet infâme entre deux malfaiteurs, devant la foule du peuple et des prêtres qui, ivres de son sang, insultaient à son agonie divine, en criant :

— Voyez-le! Il a sauvé les autres, qu'il se sauve donc un peu lui-même à présent, s'il est le Christ, l'élu de Dieu, comme il l'a dit!

Et, lisant l'inscription placée sur le haut de la croix et rédigée par Pontius-Pilatus en hébreu, en grec et en latin : *Jésus de Nazareth, roi des Juifs.*

— Salut! criaient-ils, roi des Juifs.

— Eh! toi qui es Dieu, fais-le voir, si tu veux que nous croyions en toi, descends de ta croix, voilà l'occasion de montrer ta puissance!

— Entends-tu ce qu'ils disent, lui dit l'un des deux voleurs crucifiés à ses côtés; ils ont, ma foi, bien raison, imposteur que tu es! A quoi cela te sert-il d'être Fils de Dieu, si tu ne peux pas te tirer d'ici et nous avec toi. Si tu étais Dieu, ce ne serait pas une grande affaire que de nous sauver tous trois. Va donc, tu es aussi misérable que nous, en voilà bien la preuve!

Et la populace continuait à crier :

— Eh! toi, qui détruis le Temple d'Adonaï et le rebâtis en trois jours, sauve-toi donc un peu de la croix!

Et les graves pharisiens et les prêtres fourbes, se disaient entre eux à l'envi :

— Il a raison, ce peuple, s'il était le Fils de Dieu, il le ferait voir par un miracle éclatant, sur l'heure.

Cependant, Marie, Mère de Jésus, Marie, femme de

Cléophas, Marie-Madeleine et Jean, s'étaient avancés jusqu'au pied de la croix, gémissant avec douleur devant l'horreur de ce naufrage dans une douleur sans nom.

Jésus, alors, éleva la voix et dit :

— Abba! Père! pardonne-leur, ils ne savent ce qu'ils font!

Pendant ce temps-là, les soldats se partageaient ses vêtements et tiraient au sort sa robe sans couture pour ne pas la couper.

Mais l'un des deux voleurs dit à l'autre :

— Nous devrions avoir honte d'insulter un homme aussi malheureux que nous!

Et, s'adressant à Jésus :

— Seigneur, dit-il, nous sommes punis avec justice, nous deux, mais toi, tu n'as fait aucun mal! Ah! si tu voulais te souvenir de moi quand tu seras arrivé dans ton royaume!

— Ta foi te sauvera, lui dit Jésus, tu seras, je te l'affirme, aujourd'hui même avec moi dans le paradis.

Il était un peu plus de la sixième heure. Le soleil était à son midi, et l'agonie du Fils de l'Homme se consommait dans l'horreur du supplice, devant l'ironie de la terre et le silence du Ciel.

Et une angoisse terrible, une crainte semblable à celle du jardin de Gethsémani, envahit l'âme de Jésus et il cria, dans la terreur de ce silence et devant la boue mouvante de ces blasphèmes en apparence triomphants :

— Eloha! Elohim! Lamma sabacthani! O Père! ô mon Dieu! vous m'avez donc abandonné! Oh! j'ai soif!...

— Tenez, dit la foule qui avait mal compris ce cri de suprême angoisse, voilà qu'il appelle Elie, qui sait si Elie ne va pas venir le délivrer!

Alors un soldat prit une éponge imbibée de vinaigre et la lui présenta au bout d'un roseau, en disant à ses compagnons :

— Laissez-moi faire, prolongeons un peu sa vie et voyons si Elie va venir le détacher de la croix.

Jésus aspira le vinaigre et dit à Marie, en lui montrant Jean, son bien-aimé disciple :

— Femme, voilà désormais votre fils !

Et à celui-ci :

— Voilà ta mère !... Tout est consommé !...

Puis, il ajouta :

— O Père, je remets mon âme entre vos mains !

Et, ayant jeté un cri strident, il expira en penchant la tête sur son épaule.

. . . .

Tout à coup, le soleil qui brillait au milieu du Ciel se couvrit d'un voile funèbre, répandant sur la terre d'épaisses ténèbres, quoiqu'on ne fut pas au temps d'une éclipse.[1] Le roc se fendit en dehors de toutes les lois géologiques et dans un sens opposé au cours des veines de la pierre, les tombeaux s'ouvrirent et des fantômes parcoururent la ville, se faisant reconnaître aux habitants épouvantés ; le peuple s'enfuit, saisi de crainte, et, quand les prêtres revinrent au Temple, le feu sacré était éteint et le voile du Saint des saints déchiré du haut en bas, témoignant que ce lieu, désormais, était vide de mystère, et maudit à la face outragée et à jamais détournée du Seigneur !

Le centenier, qui avait présenté le vinaigre, en voyant ces prodiges, adora Jésus en disant :

— Certainement, je crois que cet homme était le Fils de Dieu, un mourant n'est pas capable de pousser un cri semblable, et de pareils prodiges n'accompagneraient pas son dernier soupir.

De la foule, il ne restait que les saintes femmes qui regardaient, anéanties et pleurantes, la fin du drame, et

----

(1) Jésus-Christ est mort à la Pâque des juifs. Or la Pâque coïncide toujours avec la pleine lune et tout le monde sait qu'il ne peut y avoir éclipse de soleil qu'à la nouvelle lune. *(Note de l'Editeur.)*

quelques soldats tremblants qui sentaient une foi nouvelle prendre racine dans la simplicité de leur âme.[1]

Le lendemain de ce jour était le jour du Sabbat, et la Loi ne permettait pas qu'on laissât, en ce jour, les corps exposés sur le lieu du supplice.

Le Golgotha était creusé de sépulcres appartenant à des gens riches qui y déposaient leurs morts, et Joseph d'Arimathie en possédait un tout neuf qu'il se destinait à lui-même. Ce fut là que Jésus fut déposé, et une énorme pierre fut roulée à l'entrée du caveau pour le fermer.

Les prêtres apprirent ce fait, et, se souvenant que Jésus avait dit qu'il ressusciterait, ils prièrent Pilatus de faire garder le tombeau de *l'imposteur*, afin que ses disciples n'enlevâssent pas son corps nuitamment pour faire croire ensuite à sa résurrection.

Mais le procurateur, irrité de leur férocité et du rôle inique qu'ils lui avaient fait jouer, leur répondit :

— Laissez-moi maintenant en paix et arrangez-vous comme vous l'entendrez, vous avez des gardes, employez-les à votre guise.

Ils vinrent donc au sépulcre dont ils scellèrent la pierre du sceau du Sanhédrin et, pour comble de précaution, tendirent des chaînes contre l'ouverture et y placèrent des gardes.

. . . .

Ce tombeau sacré était-il donc à jamais fermé, sur un impénétrable mystère d'amour, de souffrance et d'abnégation sans égales?

. . . .

(1) Les quatre Evangiles.

QUATRIÈME PARTIE

LA DROITE DU PÈRE

L'AURORE ET LE TRIOMPHE.

Le soleil se levait sur Jérusalem encore endormie, dorant à peine de ses premiers rayons le pinacle du Temple.

Marie-Madeleine, Marie mère de Jacques et Salomé allaient au sépulcre pour répandre leurs odorants présents sur le corps du divin crucifié.

Un spectacle inattendu les frappa de stupeur.

La pierre était renversée et le tombeau était vide! La consternation emplit leur âme et elles songèrent, à l'instant, que les juifs avaient violé la sépulture et dérobé le corps de Jésus.

Elles coururent donc et vinrent trouver Simon-Pierre et Jean, le disciple que Jésus aimait, et elles leur dirent :

— Ils ont enlevé le Seigneur du sépulcre et nous ne savons pas où ils l'ont mis!

A cette nouvelle, Pierre et Jean sortirent en toute hâte et s'empressèrent de courir au tombeau.

Cependant, Jean qui courait plus vite avait devancé Pierre; il arriva avant lui au sépulcre, et, s'étant baissé, il regarda l'intérieur de la grotte et y vit les linceuls qui étaient par terre. Mais il n'entra point.

Aussitôt après, Pierre arriva ; lui aussi, vit le sépulcre ouvert, y entra et aperçut les linceuls et le suaire qui avait servi à envelopper la tête du Seigneur et qui n'était pas par terre avec les linceuls, mais plié et posé dans un endroit à part.

Jean, à son tour, entra, il vit et crut aussitôt.

Mais ils ne savaient pas encore ce que l'Ecriture enseigne qu'il fallait que le Christ ressuscitât d'entre les morts.

Alors, les deux disciples s'en retournèrent chez eux, laissant Marie-Madeleine qui se tenait au dehors près du sépulcre.

En pleurant, elle s'approcha de l'ouverture pour regarder à l'intérieur du tombeau, et elle vit deux anges vêtus de blanc, assis au lieu où avait été le corps de Jésus, l'un à la tête, l'autre aux pieds.

— Pourquoi donc pleurez-vous, femme? lui dirent-ils avec douceur.

— Ah! leur répondit-elle, ils ont enlevé mon Seigneur et je ne sais où ils l'ont mis!

— Jésus de Nazareth, dirent alors les anges, n'est point ici; souvenez-vous de ce qu'il vous a dit en Galilée; il est ressuscité, ne pleurez donc pas, ô femme, car on n'a pas enlevé le Seigneur.

Mais elle doutait, et, se retournant, elle vit quelqu'un qui se tenait debout et qui lui dit :

— O femme! pourquoi pleurez-vous? Qui cherchez-vous?

Croyant voir le jardinier, elle répondit :

— Seigneur, si c'est vous qui l'avez enlevé, je vous en prie, dites-moi où vous l'avez mis et je l'emporterai.

Alors, une voix qu'elle connaissait bien, sortit de la bouche de celui qu'elle prenait pour un jardinier et dit ce seul mot :

— Marie!

— O Rabboni! Rabboni! s'écria-t-elle, extasiée, en reconnaissant Jésus et en tendant vers lui ses bras.

— Ne ne me touche pas, lui dit Jésus, car je ne suis pas encore remonté vers le Père, mais va vers mes frères et dis-leur : Je monte vers mon Père et votre Père, vers mon Dieu et votre Dieu !

Et il disparut à ses yeux.

Marie-Madeleine prit alors sa course pour annoncer promptement aux disciples qu'elle avait vu le Seigneur et ce qu'il lui avait dit.[1]

Mais ils regardèrent son récit comme un rêve[2] et ils ne crurent point au témoignage des saintes femmes.

Le soir même de ce jour, les portes du lieu où ils étaient rassemblés étant fermées de crainte des juifs, Jésus se tint au milieu d'eux et leur dit :

— Paix avec vous !

Et, leur montrant ses mains et ses pieds ainsi que son côté :

— La paix soit avec vous, leur dit-il de nouveau, COMME LE PÈRE M'A ENYOYÉ, MOI AUSSI JE VOUS ENVOIE.

Et, soufflant sur eux :

— RECEVEZ LE SAINT-ESPRIT, dit-il, A CEUX AUXQUELS VOUS REMETTREZ LES PÉCHÉS, ILS SERONT REMIS ; A CEUX A QUI VOUS LES RETIENDREZ, ILS SERONT RETENUS.

Et il disparut pour revenir les visiter de la même manière huit jours après, afin de convaincre Thomas Didyme qui, n'étant pas avec eux ce jour-là, les avait accusés d'hallucination.

Pendant ce temps-là, une perplexité singulière avait envahi les juifs et tout le Sanhédrin.

Les gardes qui avaient été placés devant le sépulcre pour veiller, étaient venus rendre compte de leur mission et ils avaient fait un étrange récit.

Fidèles à leur consigne, et vigilants toute la nuit, un peu avant l'aurore une fulgurante clarté avait frappé leurs yeux aveuglés par la stupeur, et ils avaient été précipités par terre dans l'épouvante du prodige.

(1) Ev. selon S. Jean. chap. xx.
(2) Ev. S. Luc. chap. xxiv, ɣ. 11.

Revenus à eux, ils avaient constaté que le sépulcre était ouvert et vide, mais gardé par une force inconnue qui les avait empêché d'y pénétrer.

— Allons donc! s'écria le Sanhédrin, que nous contez-vous là, fainéants, vous vous êtes endormis et, pendant ce temps-là, on vous a enlevé le dépôt qui était confié à votre garde.

Ils jurèrent qu'il n'en était rien et finirent par convaincre le Sanhédrin qui tint longuement conseil afin de trouver un expédient pour que ce miracle ne fût pas ébruité et ne trouva rien de mieux que de leur donner de l'argent pour qu'ils dissent au peuple que les disciples de l'*imposteur* avaient dérobé sa dépouille pendant leur sommeil.

Ils acceptèrent et s'en furent, insensés, dans la croyance que l'ombre vile d'un denier peut éclipser la majesté du soleil.

. . . .

Comme un éclair embrase d'un seul coup tous les horizons du ciel, à peine le grand œuvre de la Résurrection était-il accompli que, partout où le divin Maître avait des disciples, partout sa glorieuse et nouvelle existence se manifestait à eux dans la réalité d'un tangible et incontestable miracle.

Le jour même, deux disciples qui ne savaient encore rien du prodige, se rendaient à Emmaüs, petit bourg éloigné de soixante stades de Jérusalem, et, tout le long du chemin, ils s'entretenaient des cruels événements de la passion de leur Maître, lorsqu'ils s'aperçurent qu'un étranger marchait de conserve avec eux, écoutant leur conversation sans rien dire.

Mais ils ne le reconnaissaient pas. Alors, l'étranger leur dit doucement :

— De quoi donc vous entretenez-vous, en marchant, et d'où vient votre tristesse?

L'un d'eux, nommé Cléophas, lui répondit :

— Etes-vous donc si étranger dans Jérusalem, que vous ignoriez ce qui s'y est passé ces jours-ci?

— Que s'est-il donc passé de si extraordinaire?

— Quoi! vous n'avez jamais ouï parler de Jésus de Nazareth qui a été un grand prophète, puissant en œuvres et en paroles devant Dieu et en face de tout le peuple? Vous ne savez pas que les princes des prêtres, les sénateurs et le sanhédrin l'ont livré à Pontius Pilatus, qu'il a été condamné à mort et crucifié?

« Hélas! ajoutèrent-ils, nous espérions que ce serait lui qui rachèterait Israël, comme il nous l'avait souvent promis lui-même et comme ses œuvres miraculeuses nous permettaient de le croire. Et, cependant, voici trois jours que ces choses se sont passées et nous ne voyons rien se réaliser de lui. Il est vrai que quelques femmes qui étaient avec nous, ses disciples, et l'avaient aimé pendant sa vie, nous ont fait un récit étonnant. Elles ont été de grand matin à son sépulcre et n'y ont plus trouvé son corps, mais elles prétendent avoir vu des anges qui leur ont dit qu'il était vivant. Aussitôt, plusieurs d'entre nous ont couru au tombeau et l'ont bien trouvé dans l'état qu'elles leur avaient décrit, mais, quant à lui, ils ne l'ont pas vu. »

— O insensés! leur dit alors leur mystérieux compagnon de route, que votre cœur est donc lent et tardif à croire tout ce qu'ont dit les prophètes! Ne fallait-il pas que le Christ souffrît tous ces maux et qu'il entrât ainsi dans sa gloire? Souvenez-vous de tout ce qu'a dit Moïse et de tout ce qu'ont dit les prophètes. Ignorez-vous toutes les paroles qui lui sont applicables dans les Écritures? Faut-il vous en donner des explications plus claires que celles que vous possédez déjà? Adieu.

Et il fit semblant de les quitter. Mais ils lui dirent:

— Seigneur, restez avec nous, nous vous en prions, il est tard et le jour est sur son déclin.

Il entra donc, en leur compagnie, dans la maison où ils allaient et où ils se mirent à table ensemble.

Alors, il prit le pain, le bénit, le rompit et le leur donna.

Et leurs yeux s'ouvrirent soudain à la réalité, ils le reconnurent, mais, déjà, il avait disparu.

Aussitôt, ils se dirent :

— C'était Lui!... N'est-il pas vrai que notre cœur était brûlant, lorsqu'il nous parlait durant le chemin?

Et, retournant à Jérusalem, ils furent rejoindre les autres, qui leur dirent :

— Vous savez que le Seigneur est vraiment ressuscité; il est apparu à Simon.

— Et nous, dirent-ils, nous l'avons vu aussi et nous l'avons reconnu à la fraction du pain.

Et comme ils parlaient encore, Jésus se tint au milieu d'eux et leur dit :

— Que la paix soit avec vous!... Ne craignez point, c'est moi. Je ne suis pas un fantôme, mais je suis bien moi-même; voyez mes mains et mes pieds, et considérez, en les touchant, qu'un esprit n'a pas un corps, de la chair et des os comme j'en ai.

Mais ils ne croyaient encore point fermement, tant ils se pensaient illusionnés par leur joie.

— Avez-vous là quelque chose à manger? leur dit Jésus.

Ils lui offrirent un morceau de poisson rôti et du miel qu'il mangea devant eux et il leur dit :

— Voilà ce que je vous disais, étant encore avec vous, qu'il fallait que tout ce qui a été écrit de moi dans la loi de Moïse, dans les prophètes et les psaumes s'accomplît. Que votre esprit s'ouvre et comprenne les Écritures, car il est écrit de moi que le Christ devait souffrir pour entrer dans la gloire, afin qu'en son nom ON PRÊCHAT PARTOUT LA PÉNITENCE ET LA RÉMISSION DES PÉCHÉS, en commençant par Jérusalem. Or, vous êtes témoins de ces choses et je vais vous envoyer cet Esprit que mon Père vous a promis. En attendant, ne sortez pas de Jérusalem que vous ne soyez revêtus de la splendeur et de la force d'En-Haut.

Ayant ainsi parlé, il leva les mains, les bénit et les quitta.

. . . .

Quelque temps après, comme quelques-uns d'entre eux, parmi lesquels Simon-Pierre, Thomas appelé Didyme, Nathanaël de Cana, les fils de Zébédée, pêchaient sur la mer de Tibériade sans prendre de poisson, Jésus leur apparut, et, sur son ordre, ils firent une pêche abondante. Lorsqu'ils eurent mangé, le Maître dit à Simon-Pierre :

— Simon, fils de Jean, m'aimes-tu plus que ceux-ci ?

— Oui, Seigneur, répondit Céphas, tu le sais, je t'aime.

— Pais mes agneaux ! Simon, m'aimes-tu ?

— Oui, Seigneur, tu sais que je t'aime !

— Pais mes brebis ! Simon, m'aimes-tu ?

Céphas fut attristé de cette insistance et il dit :

— Seigneur, toi qui connais toutes choses, tu sais bien que je t'aime !

— Pais mes brebis ! lui dit Jésus.

Et il ajouta :

— En vérité, je te le dis, quand tu étais plus jeune, tu te ceignais toi-même et allais à ta guise ; mais quand tu seras vieux, tu étendras les mains, un autre te ceindra et te mènera où tu ne voudras pas aller. Suis-moi !

Et, ayant ainsi parlé, il leur ordonna de se rendre tous à Jérusalem pour le voir une dernière fois.

. . . .

Quarante jours s'étaient écoulés....

Ils étaient réunis et, comme ils mangeaient, de nouveau, le Maître leur apparût et leur parla.

Puis, il les mena hors de la ville, gravit avec eux le versant oriental du mont des Oliviers, et, près de Béthanie, il leur dit :

— Voici votre mission : Allez par tout le monde et prêchez l'Évangile a toute créature. Celui qui croira et sera baptisé sera sauvé et celui qui ne croira pas sera

CONDAMNÉ. ET VOICI LES MIRACLES QUI ACCOMPAGNERONT CEUX QUI CROIRONT : ILS CHASSERONT LES DÉMONS EN MON NOM; ILS PARLERONT DE NOUVELLES LANGUES; ILS PRENDRONT SANS DANGER DES SERPENTS ENTRE LEURS MAINS, ET S'ILS BOIVENT QUELQUE POISON, ILS N'EN RESSENTIRONT AUCUN MAL. ILS IMPOSERONT LES MAINS SUR LES MALADES ET LES MALADES SERONT GUÉRIS!

Et, ayant ainsi parlé, il les bénit en leur imposant les mains. Au même instant, il s'éleva dans les airs où bientôt il disparut à leurs yeux, enveloppé par un nuage dans la gloire éclatante du soleil de midi.

. . . .

—◦◦◦❈◦◦◦—

TABLE DES MATIÈRES.

Tournai, typ. Casterman. — 777.